Verlag Robert Ohlheiser
Hauptstraße 43
57614 Steimel

Dezember 1999

ISBN 3-9802140-2-8

Du kannst alles erreichen,

was du wirklich willst!

Die Ratschläge/Informationen in diesem Buch sind vom Autor sorgfältig geprüft, dennoch kann keine Garantie übernommen werden. Eine Haftung des Autors/Verlages für Personen-, Sach- und Vermögensschäden ist ausgeschlossen

Wenn wir alles täten,

wozu wir imstande sind,

würden wir uns selbst

in Erstaunen

versetzen.

Manches im Leben erfüllt sich schnell und unerwartet, kaum gedacht und schon passiert es. Oder es dauert und dauert, und du hast schon längst aufgegeben an die Erfüllung deines Wunsches zu glauben, und hast es innerlich „abgehakt“ - und auf einmal passiert es. Völlig unvorbereitet und du kannst vielleicht den Zusammenhang zu dir nicht mehr finden. Vielleicht hast du dir vor so langer Zeit genau dieses gewünscht, aber es inzwischen wieder vergessen.

Oder du möchtest jetzt, am besten sofort und jetzt direkt, einen Wunsch erfüllt haben. Ist es auch wirklich gut für dich, wenn du ihn erfüllt bekommst?

Ob du nun 10 Jahre alt bist und dieses Buch liest, oder ob Sie 90 Jahre jung sind, jeder von uns hat eine Lebenserfahrung gesammelt und möchte täglich viele kleine Dinge erleben oder hat seinen Lebenswunsch oder Lebenstraum. Mit der richtigen Anleitung und dem bewussten Umgang einiger wichtiger Regeln, kannst du im Leben alles erreichen, was du wirklich willst.

Dieses Buch wurde aus den Erfahrungen der selbstangewandten Regeln und aus meiner Zusammenarbeit und dem Zusammenleben mit vielen Menschen geschrieben und ist für jeden auf seine

Art nachvollziehbar.
Viel Spaß beim Lesen dieses Buches und beim Umsetzen deiner Wünsche, Träume oder den vielen täglichen, wichtigen Erfordernissen.

Tabish Robert Ohlheiser

Jeder Gedanke hat den Drang sich zu verwirklichen.

Es stimmt, jeder Gedanke, jedes Gefühl, das wir in die Welt setzen, ist ein „lebendes Wesen" und versucht sich in unser Leben zu integrieren, Energie aufzubauen und sich zu materialisieren.

Auch wenn es noch so nebenbei geschieht. Es gibt nicht umsonst zwei sehr starke Pole die für die Verwirklichung wichtig sind:

Ablehnung und Übereinstimmung

Beide Pole geben in einen bewusst oder unbewusst gefassten Entschluss, die nötige Energie damit es sich schnell verwirklichen kann.

Wie sagt unser Volksmund so schön:

Das wovor du Angst hast, ziehst du auch an!

Ich möcht dazu einige wahre Geschichten als Beispiele gebe:

Ja, ich will es!

Ein junger Mann, der viele Abenteuerbücher gelesen hatte und sich in seinen Träumen und Vorstellungen immer mehr mit diesen Ideen verband, fing immer mehr an, sich aus der realen Welt zurückzuziehen. Sich immer mehr mit Büchern, Filmen usw. ein inneres Bild von sich aufzubauen, das nur noch teilweise mit der Realität übereinstimmte.

Eines Tages fragte er sich, wie es wohl wäre, nicht nur immer davon zu lesen oder es im Fernsehen, Kinofilmen usw. zu sehen, sondern tatsächlich den Schritt zu wagen, diese unsichtbar Grenze zu überschreiten.

Also, selber aktiv zu werden und die in ihm vorhandenen und von seiner Umgebung gelebte Grenze zu überschreiten. In seiner Selbsteinschätzung konnte er sehen, dass es zwar eine neue Erfahrung geben wird, oder bei Überschreitung dieser Linie, Konsequenzen auf ihn zukommen werden. Wann und wie war schwer zu sagen. Solange er genug Widerstand hatte, und die Energie für seine Taten noch nicht groß genug war, konnte er auch damit umgehen. Wir nennen es landläufig das schlechte Gewissen.

Er kannte einen Freund von dem er wusste, dass dieser nachts Keller in den Wohnsiedlungen der dort stationierten Amerikanern aufbrach, um so an Kampfanzüge, Stiefel, Ausrüstungsgegenstände, Schlafsäcke usw. zu gelangen. Diese konnte er dann gut verkaufen und er hatte seine festen Abnehmer dafür, bekam auch spezielle Aufträge die er zu erfüllen hatte.

Sich mit diesem Freund zusammenzutun und dann gemeinsam nachts loszuziehen, hatte für beide Vorteile. Später kamen dann immer mehr Straftaten zusammen, und sie fingen an immer mehr Geld damit zu verdienen. Die Möglichkeiten Geld zu verdienen wurde immer mehr ausgebreitet und es machte ja auch eine Menge Spaß.

Irgendwann las er ein Buch, in dem ein Mann seine Lebensgeschichte beschrieb. Papilion (Schmetterling) hieß das Buch. Unser Freund war ganz fasziniert, von dem Abschnitt, als Papilion von seiner Zeit in der Einzelhaft schrieb. Diese Erfahrungen faszinierten ihn einerseits und weckten tief in ihm viele Ängste. Solange alleine zu sein, versuchen in der totalen Isolierung nicht verrückt zu werden und es gut zu überstehen. Andererseits steckte auch in ihm schon lange der Wunsch, die ganzen äußeren Einflüsse für eine lange Zeit einmal auszuschalten und in das Experiment einzusteigen, sich selber ganz alleine immer mehr auf die Spur zu kommen und herauszufinden, wer und was bin ich denn nun wirklich. Das sagt sich so leicht, ist aber eine ganz eigene Sache, wenn du es wirklich ehrlich leben willst.

Ein paar Wochen später, war es dann soweit, dass er verhaftet wurde und fast 6 Jahre überwiegend in einer Einzelzelle verbrachte. Er lernte sich sehr gut kennen und lernte auf diese Weise viele einfache Lebensgesetze kennen. Es ist schön, wenn man wirklich versteht und weiß, dass das Leben uns alles bietet was wir brauchen und worauf wir uns ausrichten. Deshalb hat jeder von uns sein Leben soweit selber in der Hand, wie wir im göttlichen oder kosmischen Zusammenspiel zusammenpassen und uns gegenseitig unterstützen.

Nein, ich will es nicht.

Ein Mann, dessen Hobby es war, seine sexuelle Lust richtig kennenzulernen und sie auszuleben, steckte viel Zeit und Energie jeglicher Weise in sein Hobby hinein. Irgendwann merkte er, dass ihm irgend etwas fehlte, und er dachte so darüber nach, was wohl daran sein muss, dass so viele Menschen täglich und nächtlich auf der ganzen Welt sich ebenfalls damit auseinander setzten. Einmal gibt es die Menschen, die in einer Partnerschaft leben und eine glückliche und erfüllte Sexualität und Partnerschaft miteinander leben. Doch das werden die wenigsten sein. Es gibt viele verschiedene Formen des Miteinanderlebens, das weiß jeder von uns. Aber wie sieht es z.B. aus, wenn du alleine lebst?

Ist der Wunsch da, deine wirklichen Bedürfnisse zu leben, oder hast du inzwischen resigniert und dich damit abgefunden, dass du auf „Sparflamme" leben musst. Was ist mit den Gefühlen und Bedürfnissen wie: Nähe, Berührung, mit jemandem sprechen oder einfach nur zu lachen und Spaß machen zu können, Sexualität miteinander befriedigend zu leben und glücklich zu sein? Wir könnten bestimmt die Liste der individuellen Wünsche noch weiter fortsetzen, oder? Nun, dieser Mann merkte irgendwann, dass er an seine Grenze gekommen war und dass ihm etwas ganz Entscheidendes fehlte. So wandte er sich dem zu, was viele Menschen seit Tausenden von Jahren schon an Wünschen, Ängsten, Lust oder Ekel, die eigenen Grenzen zu entdecken und den Mut haben über sie hinwegzuschreiten. Oder wenn es richtig war, sie auch einzuhalten, wie es gerade wirklich richtig ist und nicht das zu machen, was gerade von außen erwartet oder verlangt wird. Lernen, das Lieben genauso gelernt werden kann oder sogar muss, wie alles im Leben. Dazu gehört z.B. massieren, ehrlich zu sich sein, wissen was in mir oder bei meinem Partner gerade abläuft. Körperlich wie seelisch oder gefühlsmäßig. Lernen den eigenen Körper zu beherrschen und die Energien in uns kennenzulernen und bewusst zu lenken, fließen zu lassen. Die Erfahrung zu machen, wie es ist miteinander im wahrsten Sinne der Worte eins zu werden und bewusst in andere Spähren zu gelangen. Irgendwann die Erfahrung über die Sexualität zu machen, dass du ein göttliches Wesen bist und damit zu lernen, deinen Alltag richtig zu meistern.

Wir nennen diesen Weg allgemein Tantra.

Unser Mann ging diesen Weg über viele Jahre und lernte die verschiedensten Lehrer und Methoden kennen, erfuhr das oben Beschriebene und irgendwann spürte er für sich, dass es jetzt wichtig war, all dies loszulassen und im täglichen Leben, dies auch bewusst und liebevoll zu leben.

Mit seiner Freundin, die er auf einem seiner Seminare kennengelernt hatte, fuhr er auf ein Tantrafest und sie lebten ihre Lust und Liebe dort so wie es für sie beide stimmte. Zum Abschluss dieses Wochenendes wurde unter allen, die an der Verlosung teilgenommen hatten, drei Preise verlost. Einmal ein Warengutschein, für diesen hatte er sich gedacht, bin ich bereit mitzumachen. Für die beiden anderen, also den zweiten Preis, eine tantrische Woche bei einem Seminar im Ausland und dem ersten Preis, eine kostenlose Teilnahme an einem tantrischen Jahrestraining, wollte er nicht noch einmal teilnehmen. Die Gewinnerin des dritten Preises wurde aufgerufen. Innerlich sagte er „Schade, den hätte ich gerne gehabt".

Der Gewinner des zweiten Preises wurde aufgerufen und er verspürte Erleichterung, dass es jemand anderes war.

Bevor die Karte mit dem ersten Preis gezogen wurde, sagte er zu sich und an das Leben noch ganz intensiv und voller Gefühle:

Lieber Gott, lass diesen Kelch an mir vorüberziehen.

So wurde eine Karte gezogen, aber das Lösungwort stimmte nicht. Also, nochmals eine Karte ziehen und zu seinem Erstaunen und Schrecken, wurde der Namen seiner Freundin aufgerufen, die ebenfalls ganz spontan ausrief: Nein!

Doch dann nahm sie die ganze Sachen entgegen und sie schauten in Ruhe, was und wie sie damit umgehen würden. Der Mann nahm sich dann auch die Zeit, um herauszufinden, wieso es jetzt dazu gekommen war, dass er nicht das bekommen hatte, was er gerne wollte, den 3. Preis. Sie aber das bekamen, was er nicht wollte. Hier steckte eindeutig mehr Energie dahinter.

Mein Tip:

Lies dir die Beispiele noch einmal durch und versuche einmal herauszufinden, welche Ängste oder Ablehnungen hier vorhanden sind.

Ängste = Anziehen von Energie und damit die beste Möglichkeit dass es sich mit dieser vielen Energie schnell verwirklichen kann.

Ablehnung = du musst viel Energie und Kraft aufwenden um etwas abzuwehren, auch hier die beste Möglichkeit, dass es sich verselbstständigt und sich verwirklichen wird.

Flüchtest du?

Bevor wir uns weiter damit beschäftigen wie wir einfach und sicher das programmieren, was wir auch erreichen und erleben wollen, sollten wir uns einmal darüber Gedanken machen, für was es sich für dich überhaupt lohnt KRAFT und ENERGIE einzusetzen.

Lebst du wirklich in der Realität oder flüchtest du?

Welche Flucht hast du dir ausgesucht um dir dein Leben entweder zu erleichtern oder weil du in deinem Leben in Situationen warst, die du sonst nicht heil überstanden hättest. Denke einmal an deine Kindheitserlebnisse. Hier konntest du einfach noch nicht so leben wie du es heute als erwachsener Mensch kannst. Weder körperlich, noch unabhängig von Erziehungspersonen, Mutter, Vater usw.

Viele Angebote, die wir heute nützen können, können wir bewusst oder aber auch als Flucht aus der Realität benutzen. Es ist nichts zu sagen sich einen Video anzusehen, aber es kann auch eine Flucht sein. Genauso verhält es sich mit den heute angebotenen Möglichkeiten wie Meditation, Seminare usw. Wenn du völlig bewusst und wach dabei bist ist es gut. Ansonsten ist wenig aber richtig zu lernen, alles in dir und um dich herum wahrzunehmen viel wichtiger und besser als zu konsumieren. Denn es wird dich wieder von dir entfernen.

Und wenn du in solchen Momenten unbewusst einen Wunsch in Gang setzt, der sich irgendwann in deinem Leben verwirklicht? !

Verstehst du, worauf ich hinaus will?

Verstehst du es wirklich, oder sagt dein Verstand einfach nur Ja. ?

Weil du doch gelernt hast alles verstehen und können zu müssen?

Es gibt nur ein Jetzt

Wir alle haben gelernt, es gibt ein Jetzt, eine Vergangenheit und eine Zukunft.

Mit unserem Verstand haben wir meist keine Schwierigkeit, das zu erfassen und es bei Bedarf aufzuzählen oder aufzusagen. Nur, wie sehr leben wir denn wirklich mit diesen drei Zeitfaktoren?

Bist du ein Mensch, der sich in seinen Tagträumen

oder seiner Realität gerne in die Vergangenheit zurückversetzen möchte und darin lebt?

Vielleicht macht es dir ja Spaß, dich als Ritter, Römer, als wilder Steppenreiter, Burgfräulein, König oder als Mönch, Bettler oder Eremit zu sehen und dir auszumalen wie dieses Leben aussehen soll, und wenn du es möchtest, kannst du sehr schnell lernen voll darin aufzugehen.

Eine andere Art in der Vergangenheit zu leben ist, sich in bewusste oder unbewusste Situationen zurück zu versetzen, in denen wir in unserem Vorleben, während der Zeugung, der Schwangerschaft oder in all den vielen Jahren die wir danach erlebt haben, in eine Situation zurückbringen, die wir damals nicht so leben konnten wie wir es wollten. Auch wenn wir in unserer Kultur gelehrt bekommen, dass ein gerade gezeugtes Kind kein Bewusstsein haben kann, so stimmt dies einfach nicht. Ob du kurz vor, während oder nach der Zeugung bist, du als Mensch bist bereits mit allem ausgestattet, was du wirklich bist und kannst alles wahrnehmen. Natürlich haben wir nicht die Möglichkeit uns körperlich so auszudrücken und zu agieren wie wir es später gelernt haben, wenn wir immer mehr aus dieser anderen Ebene uns in den Körper hineinleben und mit ihm zusammen wachsen. In jeder Hinsicht, auch wörtlich gemeint. Fühl oder denke dich doch nur einmal hinein, wie viele Situationen du täglich erlebst, in denen du nicht das machen kannst, was du gerne tun möchtest.

Wie wird es wohl ein Junge oder Mädchen erleben, das, sagen wir einmal im fünften Monat ist, und dessen Umgebung der Leib der Mutter ist. Wie wirst du deine Welt wohl wahrnehmen:

Ein ständiges Brummen um dich herum durch das Fließen von Blut in den Venen oder Adern, jede wird sich anders anhören und anfühlen. Wie wirst du den ständigen Herzschlag wahrnehmen, ein bestimmter Rhythmus, der dich fortan immer unbewusst begleiten wird und den du in vielen Dingen um dich herum wahrnehmen kannst, wenn du offen dafür bleibst.

In den Ragas der Inder kannst du dies sehr schön hören und sie verstehen ihre Musik als die Schwingung des Kosmos mit allem Lebenden, oder die modernen Musiker die die Schwingungen der Planetentöne mit einbeziehen sind genauso wie die Musiker eines Eingeborenenstammes. Wie und welche Schwingung ist in mir und um mich herum, was nehme ich wahr und wie gebe ich es wieder. Schau einmal, was Trancetänze auf der ganzen Welt für einfache Rhythmen haben und wie tief sie uns in uns hineinversetzen können.

Doch wieder zurück in den Mutterleib:

Je nach Bewegung und Anstrengung verändert sich der Herzrhythmus, das alles durchdringende, natürliche Geräusch verändert sich. Durch die unterschiedlichen Atemfrequenzen bewegt sich der Bauch und die Brust unterschiedlich und dementsprechend wirst du auch in eine Schwingung versetzt. Essen und Trinken wird hinuntergeschluckt und verdaut und ausgeschieden, all das sind für dich ganz selbstverständliche Wahrnehmungen und ein Teil deines Lebens. Vielleicht raucht oder trinkt deine Mutter Alkohol, du wirst es mitbekommen. Die Umstellungen ihres Körpers durch die Schwangerschaft mit Übelsein, Erbrechen usw. Du bist mittendrin. Alle Gefühlserlebnisse werden ein Teil von dir. Manche werden dich nicht weiter betreffen, obwohl du sie mitmachen musst, manche werden dich ganz schön beuteln. Plötzliche Ängste vor z.B. einem Hund der um die Ecke geschossen kommt, nachts ein Erschrecken beim Spaziergang und wie die vielen Ängste auch immer aussehen mögen, die ihr beide erlebt.

Bist du ein gewünschtes Kind und deine Mutter hat sich gefreut und auf dich gewartet?

Hat sich dein Vater ebenfalls auf dich gefreut, oder warst du ein „Betriebsunfall", hörst und fühlst

ständig wie sehr deine Mutter versucht mit der neuen Situation fertig zu werden. Glaube mir, du erlebst alles mit und kannst dich nicht so voll durch die Gefühle und körperlichen Wünsche ausleben wie du es gerne möchtest. Ich hoffe nur, du konntest all diese Erlebnisse später für dich wiederfinden und sie für dich auflösen, denn auch wenn es dir nicht recht ist, dies wird dich alles zu dem Menschen gemacht haben, der du jetzt in diesem Augenblick bist. Kannst du vielleicht nicht nur mit deinem Verstand, sondern auch mit deinem Gefühl erfassen, was es heißt sich mit den Dingen aus der Vergangenheit zu beschäftigen. Es ist alles bewusst in uns abgespeichert (wo und wie werde ich später noch genauer beschreiben) und wenn du es wieder zulässt und dich b e w u s s t damit beschäftigst, wirst du diesem Ereignis auch die Energie herausziehen und kannst es so auf diese Art und Weise auflösen. Hierfür hat uns das Leben viele Methoden angeboten und entwickelt, du musst nur die finden, die dir am besten passt und die du dir zu eigen machen kannst.
Nimmst du hier gespeicherte Energie heraus oder löst sie auf, kann und wird sich natürlich dein Leben auch verändern.

Ein Angebot besteht z.B. darin, jetzt hier ein bewusst gefasster Impuls, Wunsch oder wie du es auch immer nennen willst, zu setzen oder zu erschaffen.

Denn auch dieser positive Energieimpuls wird versuchen immer mehr Energie anzusammeln und größer, stärker, mächtiger und lebendiger zu werden.

Du kannst einen sehr intensiven vorbereiteten Impuls ins Leben senden, der von sich aus schon sehr stark ist, oder du kannst auch einen Impuls immer stärker aufbauen, indem du dich immer wieder mit ihm verbindest und ihm immer wieder die Energie zusendest die du jetzt gerade zur Verfügung hast. (Beispiel vom Zettel, auf den du dir etwas Wichtiges geschrieben hast und den du dir im Bad an deinen Spiegel geklebt hast, damit du jedesmal beim Hineinschauen wieder daran erinnert wirst.)

Oder das Beispiel aus den Naturvölkern, welches inzwischen vielfach mit Erfolg praktiziert wird:

Frauen mit Menstruationsproblemen sollten sich eine große Kerze kaufen und diese bei Vollmond anzünden und sich wünschen, dass sich ihre Menstruation wieder im natürlichen Rhythmus einschwingt. Jeden Tag für etwa eine Stunde die Kerze anzünden bis zum nächsten Vollmond. Es wirkt Wunder!

Oder einige Nächte mit einer brennenden Kerze neben dem Bett schlafen, auch hier wird sich wieder

der natürliche Rhythmus einstellen.

Ist es wichtig für dich herauszufinden, wann und wo in deiner Vergangenheit sich ein oder mehrere Erlebnisse ergeben haben, die dich jetzt in deinem Frausein nicht natürlich sein und leben lassen?

Wenn du die Frage wirklich mit Ja beantworten kannst, und du auch den Mut hast dich wirklich damit auseinanderzusetzen, so wünsche ich dir viel Glück und Erfolg es aufzulösen.

Was nützt es mir in meiner Vergangenheit herumzustochern. Die Frage ist doch:

Wie gehe ich jetzt mit dem Problem .... um?
Wenn du nicht diesen Weg gehen magst, so stehen dir viele andere Möglichkeiten offen, setze dir ganz bewusst Bilder wie du .... bist.

Lebst du in der Zukunft?

Natürlich lebst du nicht wirklich in der Zukunft, sondern jetzt und hier. Zumindest mit deinem Körper, denn wo du auch immer in deinen Gedanken und Träumen bist, dein Körper ist immer hier in dieser Realität.

Tagträume hat jeder von uns und sie halten uns auch wach, und wenn wir uns die Zeit nehmen sie auch zu leben, in sie hineinzugehen, bleiben wir gesund. Sie brauchen wir, sie können unbewusst in uns ablaufen, wir können sie steuern lernen und wenn wir uns die Zeit und die nötige Motivation dafür nehmen, auch lernen, sie zu lenken und bewusst einsetzen.

Beobachte dich doch einmal, wie oft am Tag du dich aus der sogenannten Realität herausnimmst und dir Zeit nimmst, in deine Innenwelt zu gehen. Oder dir die Zeit in diesem Moment nicht nimmst!

Sind es immer wieder neue Tagträume oder gibt es bestimmte Träume, die dir immer wieder erscheinen, weil sie dir insgeheim gefallen.

Ich kenne einen Mann sehr gut der sich vor dem Einschlafen immer ausgemalt hat, ein eigenes Haus zu bauen. Jeden Abend hat er daran weitergebaut, bis das Traumhaus fertig war und er dort gelebt hat. Irgendwann war dann immer die Zeit gekommen, wo einfach die „Luft" aus diesem Traum heraus war und er hat sich entweder in einem anderen Land wieder ein neues Haus gebaut oder sich wieder in ein neues Abenteuer begeben und es weiter aus- und aufgebaut.
Ist das ein Wunder, dass dieser Mann irgendwann

herausgefunden hat, dass er gerne ein eigenes Haus haben möchte und sich dann eine alte Dorfschule gekauft hat. Diese wurde dann in über 9 Jahren um- und ausgebaut. Später lebte er dann ein paar Jahre dort und merkte, dass er jetzt alleine dort nicht weiterleben wollte und nachdem er sich innerlich dazu entschieden hatte, wurde das Haus zum Verkauf angeboten.

Oh ja, ich kenne den Mann ganz gut und lerne ihn immer besser kennen, sehe ihn jeden Morgen wie er mir beim Rasieren sein Gesicht im Spiegel zeigt.

Klar, wenn soviel Energie im Leben dafür aufgebracht wurde, dass irgendwann zum richtigen Zeitpunkt das Leben einfach sagt, jetzt setzen wir es auch in die Tat um. Oder?

Nun, gegen Träumen, Tagträume usw. ist ja nichts zu sagen, denn sie reinigen uns einfach auf eine bestimmte Art und Weise und lassen angestautes sich aufbrauchen. Etwas Anderes ist es jedoch, wenn du immer wieder dieselben Gedanken, Gefühle oder Empfindungen zu verarbeiten suchst. Hier kann es sich leicht verselbstständigen und irgendwann wirst du deine sichere Position verlieren, in der du den Überblick hast. Hier kann es anfangen gefährlich zu werden, denn du wirst irgendwann (ob du es willst oder nicht) anfangen, dies auch in deine Realität mit einzubeziehen und es zu leben.

Es ist schön, mal davon zu träumen im Lotto zu gewinnen. Aber wenn du jedesmal bei den Ziehungen der Lottozahlen persönlich enttäuscht bist, dass du nicht gewonnen hast, wirst du dir das Leben schwer machen. Denn du wirst dann irgendwann meinen, du hast das Recht dazu zu gewinnen. Nur weil du dich in ein Spiel hineinbegeben hast, bei der eine Möglichkeit darin besteht, den Hauptgewinn zu erhalten. Aber schau doch einmal, wie viele Menschen jede Woche sehr viel Geld, Zeit und Energie hingeben um diesmal doch den Hauptgewinn oder den Jackpot zu knacken.

Klar, wenn ich überhaupt nicht mitspiele kann ich auch nichts gewinnen.

Nun, sich die Zeit zu nehmen, sich auszumalen wie es ist mitzubekommen, dass ich es geschafft habe und den Hauptgewinn tatsächlich bekommen habe, wie es ist, soviel Geld in den Händen zu haben und was du dann alles damit anfangen kannst, ist schön und kann dir eine Menge von dir zeigen. Warum es nicht einfach mal genießen?

Die Grenze ist halt dann überschritten, wenn du es persönlich nimmst. Beleidigt bist, schon fest mit dem Geld gerechnet hast, oder dich einfach vom

Leben hintergangen fühlst usw.

Es ist ein Spiel, nicht mehr und nicht weniger für dich. Für die Betreiber dieses Spieles ist es jedoch kein Spiel sondern, ein Geschäft und das wird ausgenützt soweit es geht und immer wieder neu darum geworben.

Überlege dir doch einmal, was man in der Psychologie sagt:

Alles was du 3 mal gemacht hast, prägt sich in deinem Wesen ein und schafft eine neue Bahn in deinem Leben. Es wird immer mehr zu dir, je mehr du es wiederholst. Wenn du etwas wirklich zu deinem eigenem machen willst, so musst du es 21 mal machen.

Nun, wo bist du in eine Sucht gefallen im Laufe der Zeit. Damit meine ich nicht nur eine Sucht, die wir offiziell als solche anerkannt haben, wie Tabak, Alkohol usw.

Sucht kommt von e t w a s S u c h e n.
Was also ist in deinem Leben nicht so, wie du es dir tief im Inneren wünschst und du dich auf eine Suche gemacht hast, die du vielleicht im Laufe der Zeit nicht mehr überblicken kannst und vergessen hast, was du ursprünglich gesucht hast!

Gibt es solche Dinge in deinem Leben?

Du wirst dir diese Frage nur ehrlich beantworten können, wenn du dir jetzt auch wirklich 100% ehrlich gegenüber bist!

Lebst du in der Zukunft indem du dir immer wieder eine bestimmte Situation vorstellst, ausmalst usw. in der alles so ist wie du es gerne haben möchtest? In der es keine Kriege mehr gibt, alles wie im Schlaraffenland oder wie auch immer gelebt werden kann.

Nun wer sagt denn, dass so etwas nicht gelebt werden kann, aber es braucht halt Zeit und viele andere Menschen, die sich ebenfalls an diese morphogenetischen Felder mit einklinken und es dadurch immer mehr zur Realität werden lassen. Etwas erschaffen im wahrsten Sinne des Wortes.

Manches kannst du alleine im Leben schaffen, und bei anderem musst du einfach in die Kraft deiner Mitmenschen mit hineingehen. Du wirst zu einem Teil des Ganzen im kosmischen Spiel.

Nun unser Körper ist eben immer in dieser Realität, ob wir wach sind oder ob wir schlafen, lieben oder in unseren Tagträumen sind. Deshalb ist unser Körper auch das Bindeglied und unsere Kutsche hier in diesem Leben. Ohne unseren Körper können wir als Wesen ebenfalls existieren, aber eben nicht in der Form in der wir hier unseren Platz im Leben bekommen haben. Ist dir das wirklich bewusst?

Achtest du auf die Zeichen deines Körpers oder übergehst du sie eher. Fordert dein Körper etwas von dir ein, was du ihm verwehrst und muss er dir Signale setzen, damit du wieder eine Chance bekommst, bevor etwas kaputtgeht?

Ausreichend Schlaf, so dass du dich wohl fühlst?

Die Art und Menge an Bewegung damit du dich gut fühlst?

Die Art und Menge an Lebensmitteln und Getränken, die du wirklich benötigst, und mit denen du auch deine Gelüste befriedigen kannst?
Wenn nicht, wirst du dir Ersatzbefriedigungen im Leben suchen und versuchen, damit deine wahren Bedürfnisse auszugleichen. Ein Teufelskreislauf setzt sich in Gang, der in einer Verweigerung von Nahrung oder Gelüsten, Wünsche usw. dich immer weiter herabziehen wird. Der andere Pol, der sich aufbauen kann, wird in einer Ersatzbefriedigung enden. Viel essen um es auszugleichen z.B..

Sei es in der Sexualität, mit Berührungen usw.

Auch hier wirst du in deinem jetzigen Zustand nicht zufrieden sein und versuchen, dir etwas Fehlendes wie auch immer wieder zu holen.

Wäre es nicht schon, das wirklich ehrlich anzugehen, zu erkennen und dann wieder zu dem Zustand zurückzukommen, den wir das Jetzt und Hier nennen. Hier und jetzt zufrieden und glücklich sein. Sich bewusst neue Impulse zu setzen und damit noch mehr Zufriedenheit, Kraft oder Reichtum zu bekommen. Nicht nur des Besitzes wegen, sondern auch der Fülle und Ausgeglichenheit wegen!

Etwas was dir als Wesen wirklich zusteht, und was du, wenn du es nur wirklich willst, auch leben wirst. Du bestimmst es, wann, wie und wo!

Zweifel

Übersetze dir mal Zweifel mit ‘zwei Fälle‘. Dann kommst du dem schon ganz nahe, was du immer machst, wenn du an dir oder an etwas zweifelst.

Ich möchte dir hierzu ein Beispiel aufzeigen:

Als ich vor einigen Tagen, bei einer Kundin war und dort eine Schlafplatzuntersuchung in bezug auf

Belastungen durchführte, hatten wir beschlossen, im Flur die fehlende Energie zum 2 Stock in das Schlafzimmer hinauf mittels spezieller Spiegeln wieder hochzulenken und hochfließen zu lassen. Wir sprachen gerade von ihrer Kraftlosigkeit, als ich auf einmal ein Bild sah und wusste, was wirklich mit ihr los war. Genau in diesem Moment fiel einer der angeklebten Spiegel „zufällig" herunter und zerbrach in viele Teile.
Es störte mich nicht weiter und ich ging hinaus zum Auto, holte einen neuen Spiegel und brachte in wieder an. Als wir uns dann zusammensetzten und sie mir wieder davon erzählen wollte, wie kraftlos sie war und wie übersensibel sie ständig mit Allergien usw. reagierte, sagte ich einfach nur zu ihr:

Das stimmt doch überhaupt nicht, dass Sie kraftlos sind. Ich kann hier eine Frau vor mir sehen, die eine total starke Ausstrahlung hat und voller Kraft ist. Das kann ich an den Bewegungen sehen, einfach an der ganzen Art.

Auf der einen Seite freute es sie das zu hören, aber es passte eben überhaupt nicht in ihr inneres Bild, das sie sich von sich gemacht hatte und sie zweifelte es sofort wieder an. Sie fragte mich, ob ich es ihr noch etwas genauer erklären könnte, denn sie verstünde es nicht ganz.

Also fragte ich sie, ob es denn einfach Zufall gewesen sein soll, dass genau in diesem Moment der Spiegel herunterfiel, als wir in der Nähe vorbeigegangen sind und gerade das Thema zuwenig und zuviel Kraft hatten. Bei „zuviel Kraft“ fiel er herunter.

Wenn wir unsere Energie nicht richtig lenken und steuern können - das muss eben wie alles im Leben gelernt werden - werden wir, wenn wir in unsere Emotionen kommen auch unsere Energiekörper um uns herum (siehe Kapitel Aura) total mit Energie aufladen und wenn es zuviel ist, diese auch unbewusst abgeben, herausschleudern wie es hier der Fall war, wo der Spiegel diese Kraft und Energie noch verstärkte, dann einfach zerplatzte und herunterfiel.

Da sie mir in unserem Gespräch vorher so nebenbei etwas sagte, fragte ich sie, ob ich es ihr mit einem anderen Beispiel erklären sollte.

Sie hatte sich – warum auch immer - zu einem Kurs in der Volkshochschule angemeldet. Dieser Kurs schien ihr sehr wichtig zu sein. Statt sich jedoch darauf zu freuen und ihre Kraft darauf einzusetzen, war sie voller Zweifel ob es richtig sei, diesen Kurs zu machen. Man hörte sie ständig davon reden und ihre Zweifel sich verbreiten und verstärken. Deshalb sagte ich ihr dann auch:

Sie haben sich vorher Gedanken gemacht und sich für einen Kurs angemeldet. Hier haben sie Energie kanalisiert und etwas Lebendes geschaffen, das den Wunsch und Drang hat sich zu vergrößern und immer lebendiger oder materieller zu werden.

Jetzt sind Sie aber ständig dabei, herumzuerzählen und herumzuzweifeln, ob es denn wirklich richtig ist, diesen Kurs zu machen. Sie bauen auch hier eine Energie auf, die zerstörend wirkt und gegen die andere Energie gerichtet ist. Wer von beiden wird gewinnen, wem geben sie letztlich mehr Kraft/Vertrauen?

Hier kämpfen zwei Wünsche oder Energien miteinander, die Sie in sich tragen und jetzt ausleben. Damit machen sie sich allerdings das Leben total schwer und da wundern sie sich, wenn sie sich ausgelaugt und kraftlos fühlen? Wenn die Menschen in ihrer Nähe dies ebenfalls empfangen und ihnen einerseits helfen wollen, aber andererseits auch Gründe finden um nicht in ihrer Nähe zu sein, denn sie spüren einfach dieses Hin-und-Hergerissensein. Wenn jemand nicht in seiner Ruhe oder Kraft oder Ausgeglichenheit ist, werden diese Anteile in der Person ebenfalls verstärkt und schwingen an. Klar, dass die Menschen versuchen dem auszuweichen, wenn sie nicht grundsätzlich bereit sind, ehrlich zu sich zu sein und gelernt haben sich zu beobachten. Dies wird den Teufelskreislauf natürlich noch mehr verstärken und neue Probleme schaffen.

Wenn sie sich jetzt die Zeit und Kraft nehmen, den Kurs einfach sein zu lassen und nach ein paar Stunden merken, dass es wirklich nicht das Richtige ist, können sie doch immer noch sagen:
Für mich stimmt es nicht und ich ziehe die Konsequenz daraus und trete aus diesem Seminar aus. Das erfordert mehr Mut und Ehrlichkeit, wenn es tatsächlich stimmt und bringt viel mehr.

Deshalb ist es wichtig, den Schlüssel in sich wieder zu finden um aus diesem Teufelskreislauf wieder herauszukommen und ihn aufzulösen. Die Kraft wieder zielgerichtet einzusetzen und zum Vorteil nutzen zu können. Sich bildlich gesehen, nicht mehr im Kreis zu drehen, sondern geradeaus gehen zu können.

Übrigens hatte die Kundin dann noch ein extra für ihren Mann ausgesuchtes und ausgetestetes Oberbett und passendes Kissen bestellt. Ich habe es natürlich dann im Werk extra anfertigen lassen. Nach ein paar Tagen, es war noch in der Zeit in der die Kundin vom Vertrag zurücktreten konnte, bekam ich eine Stornierung des Auftrages. Das, was der Mann wollte, behielten sie und das was die Frau nicht wollte, nämlich dass es ihrem Mann ebenfalls besser ging, wurde unterbunden, also es kam erst gar nicht zu einer Verbesserung.

Eigentlich hätte ich ihr die Hand reichen sollen und ihr sagen sollen, dass ihre Zweifel mal wieder gesiegt haben und sie sich wieder ein Stück Lebensglück und Lebensqualität verwehrt hatte.

Sie hatte mal wieder gegen sich selber verloren!

Liebe Leser/in, wenn du Lust hast dich selber zu beobachten so lies die nächsten Fragen für dich, wenn nicht ist es auch gut. Vielleicht kommst du später noch einmal darauf zurück.

Und wo kämpfst du gerade gegen dich und drehst dich im Kreis?
Welche Entscheidung, die du getroffen hast, akzeptierst du nicht wirklich, sondern kämpfst immer noch dagegen an?

Willst du tief im Innern denn überhaupt, dass sich in deinem Leben alles locker und leicht erfüllt, oder hast du durch deine Erfahrungen im Leben es dir zum Lebensthema gemacht, alles erkämpfen zu müssen?

Meinst du wirklich, dass Gott oder das Leben oder wie immer du es nennen willst, nicht alles in Fülle und Überfluss geschaffen hat und wir uns durch unsere Gedanken, Meinungen und negativen Lebenserfahrungen dazu selber ständig überreden?

Klar, wenn du so drauf bist, wirst du natürlich im Äußeren immer wieder viele Stimmen oder Botschaften finden, die dich darin voll und ganz bestärken. In Büchern, Zeitungen, in Menschen die gerade Ähnliches durchmachen usw.

Aber du kannst auch, wenn du es in dir selber erkennst und den Mut und die Energie hast, es zu erkennen und zu ändern, deinem Leben eine neue Ausrichtung geben und „Beweise" für diese Richtung im Äußeren finden.

Die Frage wird wohl sein, möchtest du es im Leben locker und leicht haben oder fühlst du dich wohl, wenn du dir alles erkämpfen musst?

Beides ist weder richtig noch falsch, sondern wohl mehr eine Lebenseinstellung.

Was wünschst du dir wirklich im Leben?

Die Betrachtung

Hören Sie in sich hinein, versuchen Sie über Ihre Ängste und Wünsche Klarheit zu gewinnen.

Dann erfahren Sie, welchen Weg Sie gehen müssen.

Lassen Sie sich von niemandem beirren.

Glaube, dass etwas machbar ist!

Wenn ich etwas in Angriff nehme, muss ich erst einmal g l a u b e n, dass es machbar ist. Dies setzt den Verstand in Bewegung und veranlasst ihn, Durchführungsmöglichkeiten zu suchen.

W i c h t i g ist also der Glaube, dass etwas machbar ist!

Ich muß es mir manchmal nur einfach wünschen!

Das ist die Botschaft, die ich in einem Brief vor kurzem bekommen habe und die ich mir zum Nachdenken mit ins Leben hineingenommen habe.

Ich habe mich über viele Jahre in verschiedene Tantrarichtungen sehr intensiv hineinbegeben und doch immer wieder gemerkt, dass es eine Richtung gab, die ich für mich als die intensivste, herausfordernste und passenste empfunden habe. Ich habe bei meinem letzten Seminar, mit dem ich meine Seminartätigkeit nach ca. 20 Jahren abgeschlossen habe, ein schönes Erlebnis gehabt.

Unsere Seminarleiterin war Eva. Nicht nur der Name sondern, die ganze Frau, lebte diesen Namen sehr gut. Während einer Pause ging ich mit meiner Freundin zusammen spazieren und sie hatte ihre schönen, erotischen, roten Schuhe angezogen. Als wir zum Hotel zurückgingen, kamen uns Eva und ihr Begleiter entgegen. Eva gefielen die Schuhe sehr und sie sagte auch noch: „Die schönen Schuhe hätte ich auch gerne und würde sie anziehen.“

Auf einmal hatte ich ein Bild vor mir und ich sah mich diese Schuhe für sie kaufen und wir beide sie ihr zuschicken. So fragte ich dann bei einem Gespräch nebenbei nach ihrer Schuhgröße und nach dem Seminar fuhr ich als es passte, nach Nürnberg und kaufte ihr ein paar Schuhe in ihrer Größe. Ein paar Tage später schrieben wir ihr dann noch ein paar Zeilen dazu und schickten ihr die Schuhe zu. Wir hörten lange nichts mehr von ihr und dachten schon, dass wir keine Antwort von ihr bekommen. Also habe ich es innerlich abgehakt, und als ich Wochen später wieder zuhause im Büro meine Post nachsah, entdeckte ich einen Brief von Eva. Es stellte sich heraus, dass sie im Urlaub gewesen war und ihre Nachbarin das Päckchen entgegengenommen und dann vergessen hatte. Als sie dann das Päckchen aufmachte freute sie sich sehr als sie die Schuhe sah und war total überrascht davon. Sie schrieb uns, dass sie gerne die Schuhe anzieht und auch ihre Freundinnen die Schuhe bewundert haben. In ihrem Brief an uns, schrieb sie, dass sie sich gefreut hatte und verstanden hatte, dass sie sich manchmal im Leben einfach nur etwas wünschen muss.

Wenn es stimmt, bekommst du es auch! Das ist meine Botschaft, die ich dir hier zusätzlich durch das Buch mitgeben möchte.

Wenn du Lust hast, überlege dir doch einmal, wieviel Vertrauen du in oder an das Leben hast, dass du wirklich das bekommst was du dir wirklich wünschst. Kannst du dir vorstellen, dass du dir einfach etwas wünschst und dein Unterbewusstsein, das Leben oder wer oder was auch immer, irgendwann das an dich heranträgt, wann du es dir gewünscht hast.

Ist es dir in deinem Leben schon einmal passiert, dass du dir etwas so nebenbei oder sehr intensiv gewünscht hast und du hast bewusst mitbekommen, dass sich dieser Wunsch erfüllt hat?

Wie hast du dieses Erlebnis in dein Leben mit eingebaut?

Hast du es als Zufall oder als sonst irgendein eher einmaliges Erlebnis abgelegt?

Hast du versucht, es willentlich nochmals zu erreichen?

Kannst du dir vorstellen, dass es dir nochmals passieren kann?

Was hast du für einen Widerstand in dir, damit es sich nicht noch einmal wiederholt?

Das Bioenergetische Feld des Menschen

Bevor ich näher darauf eingehe, wie wir unsere Wünsche lenken und zielgerichtet erfüllen lassen können, möchte ich dir noch einiges aufzeichnen, damit du es dir noch einfacher machen kannst und den Zusammenhang noch besser verstehen kannst.

Heute ist es zum Glück wieder eine Ära in der wir Menschen uns frei mit diesem Wissen beschäftigen können, ohne das uns der Staat, kirchliche Institutionen, Gruppen oder sonstige Interessengemeinschaften uns dafür töten würden.

In vielen Naturvölkern ist dieses Wissen ganz natürlich mit ins Leben eingeflossen oder es wurde von Generation zu Generation über Lieder und Erzählungen, Tänze usw. weitergereicht. Meist so, dass es auch verstanden wurde und verstanden wird. Vielfach wurde es auch über Schamanen, Medizinmänner oder -frauen über viele Jahre gelehrt und dann in Prüfungen getestet. Hattest du sie bestanden, durftest du es zum Wohl der Gemeinschaft anwenden. Viele von uns wissen überhaupt nicht, wie vielfältig und umfassend dieses Wissen und die Ausbildung ist und wie tief ein Mensch in einen anderen Menschen oder in die Natur wirklich eingreifen kann. Leider wird es oft aus Unwissenheit und Intoleranz erst einmal belächelt oder Schlimmeres.

Jeder Mensch, jedes Tier, jede Pflanze und jeder Stein hat eine individuelle Aura. Ein Energiefeld das uns alle umgibt und durchdringt. Es gibt verschiedene Namen hierfür biodynamisches Feld, Aura usw. In meinen Kursen und Seminaren habe ich den Teilnehmern immer gezeigt, dass mit einer speziellen Rute, Biotensor oder mit einem Pendel ein geübter Mann oder eine Frau in der Lage ist, diese meist unsichtbare Energie sichtbar zu machen. In der Regel ist bei uns Menschen hier in unserer Kultur, also Deutschland und den Nachbarländern um unserer Körper herum ein Energiefeld von 1 bis 2 Meter. Ich gebe dir anschließend noch ein paar Beispiele und du kannst versuchen dich einzuordnen. Ich habe mit Menschen aus anderen Ländern und Kulturen andere Größen ihrer Aura kennengelernt.

Ich gebe dir einmal ein paar Beispiele wie unterschiedlich dieser individuelle Abstand sein kann und warum wir so verschiedenen sein müssen.

Ich habe in meinem Leben in ganz kleinen engen Räumen gelebt (siehe Buch Tabish, Memoarien eines wilden Mannes - selber Verlag) und habe festgestellt und später gelernt, diese zuerst sehr bedrückende Enge auszuhalten und mich mit meiner Aura, meinem ganzen Wesen, entweder sehr klein und eng zu machen oder mich sehr groß und weit zu machen. So konnte selbst ein kleiner Raum wie ein riesiger Ballsaal auf mich wirken. Ich war aber auch in der Lage, mich weit außerhalb der Zimmermauern zu vergrößern und mich auszudehnen. Bewusst auch diesen neuen Raum auszufüllen und es wahrzunehmen. Dies ist einmal eine Veranlagung und Fähigkeit und zum anderen einfach auch eine Frage der Neugierde, des Mutes und des Willens sich kennenzulernen. Ich bin in meinem Leben in sehr vielen Wohnungen und Häusern gewesen, zum Teil habe ich selber darin gewohnt, und bin auf die unterschiedlichsten Umgebungssituationen gekommen, jetzt seit 1984 jede Woche mehrmals in den verschiedensten Büros, Grundstücken, Wohnungen oder Häusern dort in den unterschiedlichsten Schlafzimmern. Wenn man so wie ich Einiges weiß und sich dann auch noch bewusst umschaut, kann man vieles auf den ersten Blick erfassen. Auch kann ich vieles daran erkennen, wie sich meine Aura und meine Wahrnehmung verändern und sich ausdehnen oder zusammenziehen. Doch das ist eine jahrelange Selbstbeobachtung.

Also, im Westerwald sind die Menschen auch heute noch sehr unterschiedlich zu den Menschen die dort leben. Ich habe dort in einem gemieteten Haus in einer kleinen Stadt 3 Jahre gewohnt und mich gewundert, dass die Einheimischen dort auf eine ganz bestimmte Art sehr zurückhaltend waren. bis mir dann kurz darauf einer in einer Kneipe sagte:

„Wenn du hier im Westerwald 21 Jahre wohnst, fängt deine Bewährung an, ob du zu uns gehören kannst."

Nun, ich hätte es vielleicht nicht mehr erlebt als Einheimischer anerkannt zu werden, aber vielleicht meine Kinder, wenn ich Glück gehabt hätte. So habe ich mich dann eingehender mit der Vorgeschichte beschäftigt und es kam immer wieder Folgendes heraus. Früher waren die Menschen dort sehr abgelegen und ein „Stamm" für sich. Die Umgebung prägte sie sehr stark. Rauhe, sehr intensive Natur in der sie leben wollten und mußten. Das in und über dem Atlantik erzeugte Wetter strömt ziemlich ungehindert über Frankreich, senkt sich wieder etwas weiter über der Eifel und dem Hunsrück herab und streift dann von dort kommend Teile des unteren, mittleren und vor allem des hohen Westerwaldes. Deshalb gibt es hier in diesem Gebiet auch so unterschiedliche Strukturen und Wetterverhältnisse. Dies habe ich alles im Laufe von Jahren erfahren und zusammengetragen. Natürlich gibt es im Leben immer etwas, was man suchen und finden kann, und dann kann ich sagen, diese Gegend ist aber noch rauher oder noch kälter usw.

Aber wer einmal im Westerwald gelebt hat, merkt sehr schnell, wie intensiv man dort der Natur ausgesetzt ist. Viel Regen und Nebel, Schnee und die Kälte, Nässe sind dort einfach anders zu spüren als ich es in anderen Teilen Deutschlands erlebt habe. Dementsprechend haben die Häuser dort ihren eigenen Stil und sind den Wetterverhältnissen dort angepasst. Früher waren Westerwälder sehr gefürchtet und haben noch manchen Raubzug unternommen. Sie waren auch gefürchtete Raufbolde. Natürlich gab es auch Ausnahmen, wie überall. Es war nicht so leicht und einfach wie wir es heute mit den Autos haben, irgendwo hinzukommen und bedeutete weite Tagesreisen um nach Koblenz, Bonn oder Köln zu gelangen und dort Waren umzusetzen.

Viel Wald, eine rauhe Umgebung, wenig Städte und überwiegend kleinere Dörfer oder einzelne Gehöfte, die von wenigen Adligen und der Kirche beherrscht wurden.

In vielen Dörfern in meiner Umgebung dauerte es lange bis mittels Autos die Moderne heran- und hereingebrachte wurde. Die Menschen in den einzelnen Dörfern sind sehr unterschiedlich. In manchen kannst du 'Guten Tag' oder was auch immer sagen, um bei einem Spaziergang oder dem täglichen Leben jemanden zu grüßen und du bekommst keine Antwort und in anderen wird gegrüßt. Meist leben die Menschen mit viel Weite um sich herum. Intensive Beschäftigung und Wahrnehmung mit allen Kleinigkeiten die nun einmal wichtig sind in einer solchen Umgebung überleben zu können, schärfen nun einmal ganz andere Sinne, als in einer Stadt überleben zu können. Du wirst schneller durchschaut und lernst auch schneller aufgesetztes Verhalten zu durchschauen. Die Sinne werden schärfer und deine Wahrnehmung mit Tieren zu leben wird ebenfalls intensiver. Was ja nicht unbedingt heißt, dass die Menschen nun sehr liebevoll miteinander umgehen. Meist ist genau das Gegenteil der Fall. Der Umgangston wird rauher und die Herz- und Gefühlsebene wird unterdrückt und wenn du nicht von Anfang an gelernt hast so zu leben, wirst du später das auch an andere Menschen oder an deine Kinder weitergeben. Auch wenn wir es noch so gut meinen.

Nun, die Häuser waren größtenteils eher klein und die Menschen lebten mit den Tieren in einem Gebäude, teils getrennt untergebracht. Du hattest viel Platz um dich herum in der freien Natur, im Haus war dein Individualabstand eher beengt und klein.

Deshalb wirst du feststellen, dass du einem Menschen, der sich viel in der freien Natur aufhält, anders begegnen wirst, wie einem Menschen, der es gelernt hat sehr beengt mit anderen Menschen z. B: in einer sehr bevölkerten Stadt zu leben. Während dieser seinen Individualabstand eher sehr klein halten muss durch die begrenzte Möglichkeit, kann und muss ein Mensch in einer freien und weiten Natur schon viel eher und schon aus größerer Entfernung durch seine geschärften Sinne eine Veränderung registrieren um bei möglicher Gefahr mit Flucht oder Kampfbereitschaft darauf reagieren zu können. Dies sind auch die beiden Urimpulse die in jedem von uns Menschen unbewusst schlummern und nach denen wir uns richten und leben.

Da ich zum einen eine psychologische Ausbildung habe und damit mit anderen Menschen gearbeitet habe und mich damit alleine nie zufriedengegeben habe, habe ich schon immer versucht die eigentlichen Zusammenhänge von mir selber und uns allen auf diesem Planeten zu erforschen und zu erkennen. Nur bilde ich mir darauf nichts ein, und meine Art damit umzugehen ist die, es im geeigneten Moment einzusetzen oder weiterzugeben, wenn jemand wirkliches Interesse daran zeigt.

Auch in der Architektur kannst du dieses Wissen wiederfinden, wenn du dich nicht nur auf die rein klassische und materiell ausgerichtete Schiene einlässt. Auch hier ist bekannt das wir unsere Wohnungen danach ausrichten, wie die Wohnung eingerichtet ist und in welcher Höhe wir uns am liebsten unsere Wohnung aussuchen. Näheres kannst du in meinem Buch nachlesen: Krank durch Erdstrahlen/Wasseradern, Elektrosmog und der falschen Bettstelle?

In der Verhaltensforschung wird stark darauf eingegangen, auch wenn man nicht in der Lage ist, diese unsichtbaren Grenzen sichtbar zu machen. Dabei ist es doch so einfach diese Energien und Abstände direkt zu spüren und sichtbar zu machen, mittels Rute, Biotensor und Pendel. Wie im Leben muss man halt nur wissen wie, aber das wurde ja zum Glück von Generation zu Generation weitergegeben und ist einfach ein Vermächtnis unsrer Vorfahren. Bei mir können sie es lernen, wenn sie möchten.

Die 7 Ebenen

Stell dir doch einmal folgende Frage und versuche es für dich herauszufinden:

Wieweit darf eine fremde Person, die auf dich zukommt, wirklich an dich herankommen?

Okay, normalerweise versuchen mir die Leute erst einmal zu erklären, dass es je nach Person unterschiedlich ist. Jemand der mir sympathisch ist, dürfte vielleicht näher, jemand, der mir unsympathisch ist, nicht so nahe herankommen.

Gut, versuche einfach mal diese Frage für dich zu klären.

Viele einigen sich irgendwann auf einen Abstand von etwa einer ausgestreckten Hand. Das ist wohl so bei den meisten der Sicherheitsabstand. Wie sieht es bei dir aus? Auch etwa so? Oder dürfen sie näher oder müssen sie viel weiter wegbleiben von deinem Körper?
Nun, die Aura ist zwischen 1 m bis etwa 2 m in der Regel um unseren Körper herum vorhanden oder groß.
Dieses feinstoffliche Energiefeld ist meist nicht sichtbar. Manche Menschen können es jedoch sehen. Es gibt allerdings einige Systeme mit denen

man einen Teil dieses Energiefeldes sichtbar machen kann. Hierzu werden verschiedene Messsysteme ver-wendet.

Die Aura unterscheidet sich von Mensch zu Mensch durch, Inhalt, Form, Farbe und Struktur. Das Ausehen der Aura ist nicht zufällig, sondern zeigt den bisherigen Entwicklungszustand an. Wie weit ist die Seele entwickelt oder wie weit bin ich in der Lage mich wirklich zu leben. Die Aura besteht aus unterschiedlichen Schichten oder Energiekörpern und hat verschiedene Chakren.

Chakren sind Energiebahnen oder Energiewirbel, die eine Verbindung zwischen unserem materiellen Körper und den einzelnen Energiekörpern herstellen und Informationen leiten oder versenden. Sie haben sehr viele verschiedene Aufgaben, z.B. Energien, Wahrnehmungen, elektromagnetische Felder, die wir als Licht und Farben bezeichnen aufzunehmen und weiter-zuverarbeiten. Unsere Energie zu kanalisieren und unser Lebenssystem aufrechtzuerhalten, uns zu schützen und uns auf unsere wirkliche Aufgabe vorzubereiten.

Es gibt 7 Hauptchakren und vereinfacht ausgedrückt finden wir sie:

1. Chakra zwischen After und Geschlechtsteil
2. Chakra zwischen Geschlechtsteil und kurz vor dem Bauchnabel
3. Chakra über dem Bauchnabel
4. Chakra im Herzbereich
5. Chakra im Halsbereich
6. Chakra Nase bis Stirn
7. Chakra Mitte des Schädels (Scheidelchakra)

Jedes Chakra steht in Verbindung mit dem Energiekörper, den es lenkt und lebt. Jedes Chakra ist eine Art Kraftstation und die Energie vom Körper und den einzelnen Energiekörpern wird hierdurch gelenkt und geleitet. Sie können sich öffnen und schließen und mehr oder weniger Lebensenergie durchlassen. Dabei spielt die Lebenseinstellung eine bedeutende Rolle. Je positiver die Lebenseinstellung, desto besser und leichter öffnen sich die Chakren. Die Lebensenergie kann ungehindert einfließen und durchfließen.

Je unbelasteter unser Körper ist, um so freier kann die Lebensenergie zwischen unserem Körper und unserem Energiekörper zirkulieren. Je mehr Umfeld- und Umweltbelastungen auf uns einwirken, um so sehr muss der ganze Mensch darauf reagieren. Hierzu verweise ich auf mein erstes Buch 'Krank durch Erdstrahlen, Wasseradern, Elektrosmog und der falschen Bettstelle?'

Als Faustregel läßt sich sagen, dass unsere Aura sich ständig verändert und sich der Umgebung, unserem inneren Zustand und unserer Seelenlage anpasst. Sie kann blitzschnell mehrere Meter groß werden oder sich auch kurzfristig sehr klein zusammenziehen. Dies habe ich immer wieder auf meinen Seminaren mit Ruten sichtbar machen können. Oder meine Teilnehmer, wenn sie es erlernt haben. Dies ist einfach das ganz normale Leben. Auf Dauer jedoch lässt sich sagen, dass eine sehr starke Belastung vorliegt und im Endstadium zu Krankheiten führt, wenn eine ständige Verkleinerung oder Vergrößerung um mehr als 10% vorliegt.

An der Wirbelsäule gibt es eine Energielinie, die die von den Chakren zugeführte Energie im menschlichen Organismus verteilt. Nicht mehr benötigte oder transformierte Energie wird durch sie wieder nach außen verteilt. Dieser Hauptkraftstrom verbindet vom 1. bis zum 7 Chakra, also von unten nach oben, alle Chakren.

Ist im ersten Chakra z.B. eine 100% Energie vorhanden und kann auch genutzt werden, so wird auch das zweite Chakra mit 100% Energie versorgt. Fehlt in einem Chakra die 100% Energieversorgung, so hat das nächsthöhere Chakra auch nur einen Teil der zur Verfügung stehenden Energie.

Zudem stehen jeweils 2 Chakren noch miteinander in wechselseitiger Verbindung um sich auszugleichen und miteinander zu kommunizieren:

das 1. und das 6. Chakra
das 2. und das 5. Chakra
das 3. und das 4. Chakra

Das 7 Chakra steht mit dem 8 Chakra in Verbindung und das ist unser Energiezentrum, mit dem wir als erwachtes Wesen mit anderen Wesen auf eine ganz neue Art in Verbindung treten. Wir sind dann erleuchtet oder heilig, im wahrsten Sinne des Wortes. Doch auch hier kann unser Verstand uns, solange wir es nicht sind, nicht nachfolgen und lehnt es entweder ab oder versucht uns durch Traumwelten etwas vorzugaukeln. Dies ist ein Ebene, die nur gelebt werden kann, um dann wieder in eine neue Erfahrung einzutauchen und diese zu leben. Ich kann dies aus eigener Erfahrung nur allzu gut bestätigen.

Hier eine kurze Zusammenfassung der Hauptaufgaben der einzelnen Chakren wie sie sie bei den meisten von uns einnehmen:

1. Chakra ist für unsere Lebensenergie zuständig

2. Chakra ist unser Lustzentrum

3. Chakra ist unsere Mitte und Kraftzentrierung

4. Chakra ist der Sitz meiner Selbstliebe und der Liebe, die ich geben und empfangen kann und will. Transformation aller negativen Energien

5. Chakra ist das Egozentrum. Wieviel Kraft kann und will ich einsetzen um ein Ziel zu erreichen. Lebe ich mich wirklich?

6. Chakra, oder drittes Auge genannt, ist der Sitz der Intuition, außersinnlicher Wahrnehmungen, Leben von Telepathie usw., bewusstes Träumen usw.
Für uns hier in diesem Buch auch ganz besonders wichtig, hier haben wir die Kraft Visionen und Wünsche umsetzen.

7. Chakra ist das Zentrum in dem wir unsere Energie nochmals sammeln um mit dem was um unsere Grenzen herum existiert zu kommunizieren. Auf allen Ebenen im wahrsten Sinne des Wortes. Je weiterentwickelt es ist um so mehr kann es auch kosmische oder göttliche Energie empfangen und damit wieder neu zu leben und unsere Entwicklung des Wesens weiterzugehen.

Jedes Chakra empfängt von seiner Umgebung elektromagnetische Felder, die wir landläufig Licht und deren Reflektierungen wir Farben nennen. Ich werde dir gleich die Hauptfarben der einzelnen Chakren nennen. Bedenke aber bitte, dass je nach Entwicklungstand und wie du lebst, diese Farben blass oder sehr kräftig gelebt werden können und sich mit anderen vermischen können.

1. Chakra ist für Lebensenergie und rot

2. Chakra für Lust und orange

3. Charka für Mitte, Kraft und gelb

4. Chakra ist Selbstliebe, Liebe und grün

5. Chakra ist Ego und blau

6. Chakra ist Transformation und violett und indigo

7. Chakra ist Energie geben und empfangen an den Kosmos und die Farbe weiß.

Durch meine Arbeit mit Menschen, und da ich fast jede Woche hierzu auch Vorträge mache, habe ich mit Heil-, Schutz- und Kraftsteinen nicht nur ein theoretisches Wissen, sondern auch die Fähigkeit mir eine Person anzusehen und schon kann ich in der Regel sagen, wo Blockaden usw. in der Aura, also Lebensenergie sind, z.B. auch welche speziellen Steine getragen werden müssten um zu helfen den Energiefluss wieder zum Fließen zu bekommen oder auf Dauer einfach eine Hilfe damit zu erzielen. Wichtig ist jedoch nicht irgendeinen Stein zu nehmen, sondern den richtigen herauszufinden und auch ganz besonders wichtig die richtige Stelle zu kennen, wo er getragen oder plaziert werden muss. Auch hierzu habe ich das Wichtigste im meinem ersten Buch mit aufgeschrieben.

Über etwas Eingeschicktes und eine kurze Schriftprobe lässt es sich ebenfalls herausfinden.

Deshalb lässt sich ganz vereinfacht sagen, das jeder Stein alleine schon durch seine Farbe ein Chakra beeinflusst. Nehmen wir z.B. einen Rubin oder einen Granat. Sie unterstützen das erste Chakra. Ein Aventrurin oder ein Smaragd wird dem Herzchakra helfen und ein Diamant richtig getragen dem 7 Chakra.

Warum ich es hier im Buch über das Verwirklichen von Wünschen schreibe, magst du dich fragen? Nun ganz einfach, manchmal brauchen wir einfach eine Unterstützung um wieder in unsere Kraft zu kommen und ich kann mir ja auch nicht vorstellen, dass sich mein Leben ab jetzt zur nächsten Sekunde total verändert und brauche mich nur noch in den Sessel zu setzen und sonst nichts mehr zu tun. Einfach nur zu warten wie das Leben von sich aus jetzt alles alleine regeln wird.

Nun, ich möchte einmal sagen, wenn du es mit aller Macht und Überzeugung leben kannst, dann tu es!

Den meisten von uns wird es aber wohl so ergehen, dass es nur ein frommer Wunsch ist und wir uns einfach Hilfen suchen müssen und Zeit lassen müssen, dass es sich nach und nach verwirklichen kann.

Deshalb ist es um so besser, je mehr ich mich selber kennenlerne und mit meinen Kräften und Fähigkeiten immer mehr lerne umzugehen.

Die sieben Ebenen im Einzelnen:

Physischer Lebenskörper
Astralkörper
Energiekörper
Magnetkörper
Seelenebene
Geistebene
Chakraebene

Jedes der 7 Chakren ist in Verbindung mit einem der 7 Energiekörper.

Das erste Chakra z.B. mit dem äußersten Energiekörper und dem Ätherkörper.

Der ätherische Körper hat die gleiche Struktur wie der physische Körper und gibt ihm Halt und Form.

Wen wir z.B. mittels Äther narkotisiert werden, sagen wir landläufig, dass wir ohnmächtig werden. Wir sind ohne Macht, und genau das passiert ja auch in diesen Falle. Unser Bewusstsein zieht sich aus dem physischen Körper heraus und ist im Ätherkörper. Hier haben wir jedoch nicht mehr die absolute Macht über den Körper. Es wäre jedoch unsinnig zu glauben, dass wir nicht alles wahrnehmen und mitbekommen was mit ihm passiert oder was um uns herum vorgeht. Unsere Sinne sind nicht mehr durch unseren Verstand behindert, und da sie ja eh immer vorhanden sind werden sie nicht mehr gefiltert wie sonst im normalen Alltag. Deshalb können wir auf einmal verstehen, was andere Menschen denken und fühlen, unsere und deren Ängste wahrnehmen um nur ein paar Beispiele zu nennen. Deshalb haben manche Menschen, die dieses nicht gewöhnt sind oder das alles in sich bisher unterdrückt haben, auch oft sehr viel Angst oder regelrechte Panik in diesem Zustand, und wenn sie wieder „wach" geworden sind es entweder bruchstückhafte Erinnerungen oder sie wollen dies sofort in sich verdrängen. Deshalb ist vielen Menschen nach einer Operation sehr unwohl, haben Angstzustände oder eine schlechte Wundheilung, weil diese ganzen Erfahrungen nicht positiv verarbeitet, sondern neue Verdrängungsmuster oder Angstprogramme aufgebaut werden. Damit werden wieder neue Lebensenergieblockaden aufgebaut und wie es im Leben halt so ist, wird mit Angst wieder ein neues Energiepotential geschaffen, dass wieder ein Unfall, Operation oder was auch immer auf diese Menschen zukommt. Einfach, weil es so kommen muss, und wenn die Chance wieder nicht genutzt wurde um es zu bereinigen oder aufzulösen, sondern wieder neue Energie aufgebaut wird, wird es immer schlimmer werden.

Ich habe dies bei zu vielen Menschen bewusst miterlebt und mit vielen diese Erfahrungen im nachhinein wieder bewusst gemacht und auflösen können. Hiervon habe ich in meinem 2. Buch :

Tabish - Memoarien eines wilden Mannes

ausführlich geschrieben. Bevor ich mit anderen Menschen gearbeitet habe, hatte ich erst einmal selber den Mut es in mir anzusehen und lange daran zu arbeiten, dies alles in mir wieder bewusst zu machen und es aufzulösen.

Die Energie, die über unsere äußere Energiehülle aufgenommen wird, wird durch die Chakren, hier speziell über das erste Chakra kanalisiert und so dem physischen Körper über die Hauptenergielinie entlang der Wirbelsäule zugeleitet und uns so zugänglich gemacht. Also ist das erste Chakra so gesehen unsere Kraftstation und deshalb entscheidend für die Gesamtenergie, die uns zur Verfügung steht. Es kann sich öffnen oder schließen und mehr oder weniger Lebensenergie durchlassen.

Dabei spielt die Lebenseinstellung eine bedeutende Rolle.

Je positiver die Lebenseinstellung, desto besser öffnet sich das erste Chakra, und die Lebensenergie kann ungehindert eindringen.

Ist die Grundeinstellung negativ, fließt die Lebenskraft schwächer, weil sich das Chakra verschließt.

Die Geistebene

Die Geistebene ist unsere geistige Persönlichkeit. Der Geist beeinflusst unsere Lebenskraft durch Gedanken und Träume.

Deshalb kann man auch sagen:

Unser Leben ist das, was unsere Gedanken daraus machen.

Wieviel Weisheit steckt hier in dieser Aussage!

Mein Tip:

Überlege dir doch einmal selber, welche Gedanken hast du so jeden Tag. Sind es positive oder mehr negative Gedanken, die du so ständig in dir erlebst?

Wenn du möchtest, kannst du dir hier einige, die dir einfallen, aufschreiben:

....

....

....

....

....

....

....

....

....

....

....

....

....

....

....

....

....

....

Positive Gedanken fördern unsere Gesundheit und unser Glück. Durch eine positive Denkweise, durch Meditation, durch entspannen und zu sich selber wieder zurückfinden, durch Lesen guter oder positiver Bücher, aufbauende Musik hören, in der Natur und Stille spazieren gehen, nachts im Dunkeln spazieren gehen und sich die völlig andere Schwingung und Energie zu der am Tage bewusst machen und in sich aufnehmen, malen oder was dir auch immer hilft in deine eigene Kraft und Energie zu kommen.

Wer unglückliche Gedanken hat, wird meist unweigerlich unglücklich. Es ist nur eine Frage der Zeit.

Wer sich krank denkt, wird auch tatsächlich leichter krank.

Jede Krankheit oder Gesundheit hat ihren Grundimpuls im Fühlen und Denken.

Wer Krankheit für eine Selbstverständlichkeit hält, der kann sich ein Leben in Gesundheit nicht mehr oder kaum noch vorstellen.

Hinzu kommt immer noch die Angst. Sie hat einen außergewöhnlich starken Einfluss auf die Gesundheit und arbeitet praktisch ständig gegen die Energie, die du hast um gesund zu sein. Angst lähmt die gesamte Abwehrkraft. Je mehr du dich vor Krankheit fürchtest, um so leichter wirst du krank.

Deshalb ist es notwendig, die Angst in dir zu besiegen. Dabei ist zu beachten, daß zwischen deinem Körper, Geist und der Seele Harmonie herrscht.

Das gilt für alle Bereiche der Angst:

Angst vor Misserfolg

Angst vor schlechten Prüfungen oder Zeugnissen

Angst vor Tieren, mit denen du einmal eine schlechte Erfahrung gemacht hast - einmal vom Hund gebissen worden und schon hast du vor anderen Hunden auch Angst und gehst nicht mehr so unbefangen auf andere Hunde zu. Sie spüren es mit ihren viel feineren Sinnen und schon riechen sie deine Angst, die in ihnen wieder bestimmte Programme als Jagdtiere ablaufen lassen. Du wirst erst einmal ein Opfer! Was sich daraus entwickeln kann, kannst du dir selber ausrechnen!

Je mehr negative Erlebnisse du erfahren hast und in dir gesammelt hast, um so mehr wirst du im Leben dich nicht frei und locker fühlen oder leben können, sondern immer eingeschränkter und abgeschlossener leben. Dabei ist es nur allzu wichtig, eine Belastung der Seele durch negative Gedanken unbedingt zu vermeiden.

Mein Tip:

Schreibe dir jetzt oder später - wann immer es wirklich für dich passt - einfach einmal deine negativen Erlebnisse auf, die dir einfallen aus deinem Leben. Wenn dir nichts mehr einfällt, gehe einmal Jahr für Jahr deines Lebens zurück und frage dein Inneres jedesmal dabei, ob es hier ein belastendes Erlebnis gibt, dass du unterdrückt hast!

Auf der Geistebene werden die Gedanken und Ideen mit dem Erfahrungsschatz des eigenen Lebens und den ererbten Eigenschaften abgestimmt !

Die Seelenebene

Die Seelenebene ist der Sitz der Gefühle, Empfindungen, der höheren Sinne, Phantasie, Zugang zu den Energien, die in einem Raum, einem Haus oder auf einem Ort sind, usw.

Wir können hier nicht nur die angelernten und ausgebildeten Sinne erleben, sondern auch die vielen unbewusst ablaufenden Sinne in und außerhalb unserer wahrnehmender Sinne wieder bewusst erkennen und lernen, sie immer mehr in unser Leben mit hineinzunehmen.

Kennst du den Begriff des „bösen Blickes"?

Nun, für mich persönlich ist es eine Tatsache, dass wir Menschen auf verschiedenen Ebenen miteinander kommunizieren. Entweder unbewusst oder bewusst wahrnehmend und bewusst damit arbeitend.

Das Auge sendet und empfängt außer den Gesichtseindrücken noch eine andere Energie, die heute noch nicht physikalisch messbar ist. Mittels einem Pendel oder einer Rute kann eine darin geübte Person dies jedoch wahrnehmen und sichtbar machen.

Eine Übung sich selber kennenzulernen, besteht z.B. darin, dir in die Augen zu schauen. Na was sagt dir jetzt dein Kopf oder dein Verstand dazu !

Wahrscheinlich werden dir einige Dinge einfallen und nicht alles wird wohl sehr positiv dazu sein.

Aber ich kann dir nur sagen, dass es eine Herausforderung ist und ich wünsche dir, dass du den Mut hast es durchzuführen.

Nehme dir eine Zeit von mindestens 15-20 Minuten, in denen du wirklich ungestört sein wirst. Setze dich aufrecht hin und stelle entweder einen großen Spiegel so vor dich auf, dass du dich ganz darin sehen kannst, oder nehme dir einen Spiegel, der so groß ist wie dein Gesicht. Stelle ihn so hin, dass er in Augenhöhe vor dir ist und du gerade und bequem sitzt.

Dann nehme dir die Zeit und lasse deine Sinne sich immer mehr von der Wahrnehmung die nach außen und um dich herum gerichtet ist, zu dir kommen und schaue dir immer mehr in die Augen. Lasse deinen Blick „ weich“ werden.

Je entspannter du wirst, um so mehr werden sich neue Erfahrungen melden. Nimm alles an was passiert, lass dich überraschen. Es kann nichts Schlimmes passieren!

Wenn deine Konzentration nachlässt, fange einfach wieder von vorne an, irgendwann wirst du dir selber begegnen und dann weißt du, was diese Zeilen bedeuten.

Jeden Tag 10 Minuten und du wirst einem neuen Menschen begegnen und spüren, dass sich dein Leben verändert.

Wenn du ängstliche Gedanken, voller Wut, Enttäuschung oder Rache usw. erlebst, so wird diese Energie deinen Körper und deinen Energiekörper durchfließen und über deine Augen zu anderen Wesen hin-überfließen. Das ist einfach so. Ob du es im ersten Moment akzeptierst oder nicht. Du wirst automatisch andere Menschen, Tiere oder Pflanzen damit beeinflussen.

Bist du selber in deiner Mitte und Kraft, so wirst und kannst du dies wahrnehmen und deine Fähigkeit dagegen setzen. Je mehr du aus deiner Mitte heraus bist, um so leichter wirst du beeinflussbar sein.

Es gibt Kräfte und Mächte auf dieser Welt, die einfach stärker sind als wir Menschen und die einfach in dieser Ebene hier richtig und wichtig sind. Es gibt genug Menschen, die lernen sich mit diesen Kräften und Mächten zu verbinden und sie einzusetzen.

Dagegen ist ja auch überhaupt nichts zu sagen. Es ist für jeden von uns Menschen eine Frage des inneren Lernprozesses, ob du es brauchst oder nicht. Auf dieser Ebene gibt es keine Opfer oder Täter. Du selber bestimmst dein Leben!

Je mehr du dich selber kennenlernst und dich mit all deinen sogenannten Fehlern und Fähigkeiten kennenlernst, um so mehr kannst du dein Leben selber bestimmen und bist nicht mehr fremdgesteuert. Lass dir Zeit dafür und bleib einfach in deiner Mitte!

Du kannst deine Seele verletzen oder ihr schaden durch deine innere Einstellung. Je egoistischer und materieller du lebst, um so mehr verschließt du dich vor dem Leben. Aber auch das ist im Leben wichtig, es gelebt zu haben.

Unsere Seele lernt jetzt und hier, und ohne jeden von uns könnte Gott oder wie du diesen Zustand nennen willst, nicht existieren und seine Erfahrungen machen. Deshalb ist letztendlich alles richtig und wichtig, es kommt nur darauf an, ob du deine Aufgabe im Leben annimmst und in Frieden und in Lust deine Erfahrung machst und dir nicht noch mehr Belastungen damit machst.

Je nachdem wie du es anwendest kannst du mit Farben, Düften, Musik, Gefühlen, Schwingungen usw. einen positiven oder auch negativen Einfluss nehmen. Auch bewusstes Karten legen, Hellsehen, bewusstes Wahrnehmen durch hören, Ruten- und Pendelerfahrungen gehören u.a. dazu.

Die Seele ist aber auch unser Sitz von Trauer und Freude und steuert unser ethnisches Verhalten.

Bei allen großen, selbstbewussten Künstlern (Künstler kommt von Können!) seien es Maler, Handwerker, Komponisten, Bildhauern, Schriftsteller oder sogenannte „einfache Leute", in denen die Phantasie besonders stark ausgeprägt ist, sie alle leben stark aus ihrer Seelenebene heraus.

In der Seele werden die vom Geist kommenden Gedanken und Impulse mit der Phantasie ausgemalt und zur Verwirklichung in uns weitergegeben. Damit es sich erfüllen und materialisieren kann.

Der Magnetkörper

Hier ist die eigentliche Ursache unseres körperlich und geistig wahrnehmbaren Schmerzes.

Ich habe damals aus dem Yoga folgendes gelernt:

Schmerz ist der Schrei des Körpers nach Fließen von Energie.

Hätten wir keinen Magnetkörper, könnten wir weder wahrnehmen, das Energie frei fließen kann, noch wahrnehmen, ob und wo Energie gestört oder gestaut ist. Wenn unsere Energie nicht richtig fließt, gibt es in bestimmten Bereichen, Stellen in denen zuwenig oder zuviel Energie vorhanden ist. Der natürliche Energiefluss ist gestört und dies hat unbedingt eine Auswirkung auf den gesamten Organismus. Bevor eine Krankheit im materiellen oder physischen Körper gelebt wird, wird zuerst in den feinstofflichen Körpern eine Veränderung vorliegen und wenn diese auf Dauer nicht beachtetet

wird, muss unser physischer Körper darauf reagieren. Denn er ist ausführendes Organ der anderen Ebenen. Wir werden jedoch immer Zeichen bekommen, bevor es soweit ist. Die große Frage ist halt nur, beachtest und verstehst du auch, was dein Körper dir mitteilen will und veränderst du das, was deinen natürlichen Energiefluss blockiert?
In unserem Magnetkörper können wir unseren physischen Körper steuern, wenn wir bewusst dort hingehen. Du bist in der Lage, durch eine bewusste Steuerung Dinge zu tun, die du sonst nicht könntest und mit denen du deinem materiellen Körper sonst Schaden zufügen würdest.

Nur so ist es zu erklären, dass Menschen in der Lage sind, durch Trance über Feuer zu laufen oder sich Arme, Gliedmaße, durch die Zunge usw., ein Schwert oder ein Messer stechen können ohne sich zu verletzen oder zu bluten.

Ich selber hatte das Glück, bevor ich meinen ersten Feuerlauf gemacht habe, bei einem sehr guten Lehrer zu sein. Mit ihm haben wir uns erst einmal mit dem Element Feuer verbinden können und zuerst einiges an Vorarbeit geleistet. Eine Verbindung zu und in dem Magnetkörper gefunden und ihn wahrgenommen. Erst nachdem wir dies gemacht haben und uns über das was wir machen, wirklich klargeworden sind, habe ich die Chance wahrgenommen, zum richtigen Zeitpunkt mich vor das Feuer zu stellen und mir bewusst klarzumachen, was ich hier will. Nur wenn ich mir wirklich 100% klar bin und es will, mit dem Magnetkörper verbunden bin, bekomme ich auf meine Frage auch ein klares „Ja“. Nur darauf hin bin ich über das Feuer gelaufen und bin unverletzt angekommen. Je öfter ich dann selber über das Feuer gegangen bin, um so mehr habe ich damit experimentiert und immer mehr verstanden, was und wie es wirklich abläuft. Darüber lesen ist etwas ganz anders, als es sich selber bewusst anzueignen.

Hier in dieser Ebene wird Hypnose und Selbsthypnose erlebt.
Alle bewussten Eingriffe in den natürlichen Energiefluss unseres gesamten Wesens werden über hier gesteuert. Ob du lernst bewusst zu atmen und mit deinem Atem zu experimentieren, es geschieht auf dieser Ebene.

Denke daran, dass keine dieser feinstofflichen Energieebenen unabhängig für sich lebt und wirkt, sondern immer energetisch mit den anderen Ebenen verbunden ist und sie alle zusammenarbeiten, auch wenn jeder Energiekörper eine eigene Aufgabe hat.

Je bewusster ich lebe und bereit bin mich selber kennenzulernen, um so mehr werde ich von mir erfahren, und um so mehr Fähigkeiten werde ich in und an mir entwickeln. Dazu gehört aber, die Bereitschaft ehrlich zu mir zu sein. Das ist vielleicht das Schwierigste am Anfang.

Der Energiekörper

Vom Magnetkörper durchläuft die Lebensenergie den Energiekörper. Das ist ein unsichtbares Netz von Leitungen feinstofflicher Energie die durch jede Ebene zur nächsten fließt und die wir normalerweise nicht unterbrechen sollten.

Nehmen wir das Beispiel eines Menschen, der ein Gliedmaß - ein Bein - verloren hat, so können wir sehen, dass dieses Bein einfach am materiellen Körper nicht mehr vorhanden ist. Da wir Menschen normalerweise nicht in der Lage sind, wie viele Tiere ein verlorenes Gliedmaß nachwachsen zu lassen, müssen wir eben versuchen ohne es zu überleben und haben gelernt, Ersatzteile dafür zu schaffen.
Es ist nur die Frage, wie hat der Mensch es gefühlsmäßig verarbeitet, dieses Gliedmaß verloren zu haben und wie sieht sein Selbstbild seit dieser Zeit aus. Nur wer ehrlich zu sich ist und alle vorhandenen Emotionen zulässt und den Willen hat, bewusst

positiv damit weiterzuleben, kann es schaffen, sein S e l b s t b i l d wieder gerade auszurichten. Die Energie in dir wieder fließen zu lassen und sie nicht mit Selbstmitleid zu blockieren.

Deshalb ist es wichtig herauszufinden, was für ein Bild du von dir selber hast!
Denn dein Bild von dir selber muss nicht mit der Wirklichkeit übereinstimmen. Aber für dich stimmt es und du lebst dieses Bild von dir, du schaffst dir die äußere Lebensumgebung dafür. Im Positiven wie im Negativen.

Hast du das Gefühl 5 Kilo zuviel um den Bauch herum zu haben, so spürst du selber ob es wirklich so ist, oder ob du dir nur aus falschem Selbstbild heraus es dir vormachst. Denn in dieser Ebene schaffst du ein Bild von dir selber. Frage mal jemanden anderen ob es ihn/sie wirklich stört, diese 5 Kilo. Ich würde mal sagen, wenn mich jemand mit 5 Kilo mehr nicht mag, wird er mich auf Dauer mit 5 Kilo weniger auch nicht mögen. Es liegt doch daran, dass ich mich selber mag und liebe. Es gibt Menschen mit einem fülligen Körper und trotzdem sind sie zufrieden und strahlen viel Positives aus. Genauso gibt es schlanke Menschen deren Selbstbild einfach nicht der Realität entspricht, und die meinen noch mehr abnehmen zu müssen und schaden sich so einfach.

Der Energiekörper empfindet und koordiniert unsere Sinne: riechen, schmecken, fühlen, sehen und hören. Wir haben aber auch noch andere Sinne, die meist nicht ausgebildet sind.
Wenn du etwas wirklich willst, so lädt der Energiekörper dieses mit Emotionen auf. Je mehr du mit etwas übereinstimmst oder es ablehnst, um so stärker wird es aufgeladen. Deshalb habe ich schon mehrmals geschrieben, dass Angst und Übereinstimmung so einen starken Einfluss auf unser Leben haben. Es sich schnell etwas verwirklichen kann, was du dir in diesem Moment nicht bewusst gewünscht hast.

Schau dir bestimmte Lieder an, die wir alle mögen und die in uns allen etwas Bestimmtes auslösen. Emotionale Bücher, Filme, Lieder, Gedichte oder religiöse Richtungen haben deshalb einen so starken Einfluss auf uns, oder können es haben wenn, wir es zulassen.

Worauf und wie richtest du dein Leben aus?

Das was wir hier für den einzelnen Menschen haben, wir können es auch auf die Menschheit und Gesellschaft übertragen. Auch in unserer Gemeinschaftsseele existieren die verschiedenen Ebenen. In unserer Gemeinschaftsebene gibt es den Energiekörper und hier werden wir energetisch aufgeladen. Mit bestimmten Handbewegungen und anderen einfachen Energiespielen kannst du einzelne Menschen oder ganze Gruppen manipulieren. Ich zeige es immer in meinen Kursen und gebe auch die Warnung weiter, wenn du bewusst damit arbeiten willst.

Ab hier kann die heutige Wissenschaft Messgeräte einsetzen um die verschiedenen Energiekörper sichtbar zu machen. Mit der Kirlianfotografie können Messungen gemacht werden und sichtbare Veränderungen aufgezeigt werden. Die Kirlianfografie geht auf das russische Ehepaar Kirlian zurück, das es entwickelt hat.

Der Astralkörper

Der Astralkörper steuert den physischen Körper über die Drüsen mit feinstofflicher Energie. Er bezieht die Energie aus dem Wasser des physischen Körpers, der diese Energie speichert. Wasser ist der beste Speicher für Lebensenergie. In der heutigen Wissenschaft wird immer mehr auf das eingegangen, was unser Volksmund schon immer wusste. Aber erst sind messbare Methoden entwickelt worden, mit denen dies nachgewiesen wird. Wasser speichert alle Informationen und wer es kann, kann diese Informationen wieder abrufen oder sichtbar machen. Ohne diese enorme Speicherfähigkeit des Wassers könnten wir uns nicht lange am Leben erhalten.

Ein weiterer wichtiger Aspekt sind unsere Lebensmittel, Nahrung oder Essen. Lebensmittel, ein Mittel zum Leben, wenn wir das Wort wörtlich nehmen. Wenn wir der Werbung und den Leuten glauben würden, die uns heute unser Essen neu gestalten, so ist es egal was wir essen, solange es nur von der richtigen Firma gekauft ist. Heute ist in den künstlichen Lebensmitteln alles an Abfällen aufgearbeitet, Sägespäne werden eingearbeitet usw. Grundsätzlich nichts dagegen zu sagen, wenn nicht Folgendes noch wäre:

Wenn wir ein Lebensmittel zu uns nehmen, so ist um und in jedem Lebensmittel auch eine Bio-Energie. Eine feinstoffliche Energie, eine Aura die jedes natürliche Lebensmittel hat. Von einem Apfel, dessen sichtbares Apfelgehäuse gegessen wird, braucht der physische Körper genau diese Bestandteile. Unsere feinstofflichen Körper benötigen jedoch genau diese Lebensenergie um sie zu „verdauen“ und am Leben zu bleiben. Je besser, gesünder und hochwertiger diese Energie ist, um so besser kann auch hier unsere Aura fließen und gesund bleiben.

Der Astralkörper ist der Energiekörper der zwischen den anderen Energiekörpern und dem physischen Körper als ausführendes Mittel dient. In ihm werden die Gedanken, die emotionsgeladen mit dem Willen versehen sind, dem physischen Körper zur Ausführung aufgetragen.

Über den Astralkörper sind und bleiben wir mit allem verbunden, mit dem wir je etwas zu tun hatten. Energetisch können wir über diesen Energiekörper mit allem in Verbindung treten, mit dem wir einmal Kontakt hatten, egal wie weit es physisch von uns entfernt ist.

Alles was du im Leben aussendet, kommt wieder auf dich zurück!

Lass das einmal auf dich einwirken, und du kannst verstehen, dass du immer das lebst was du irgendwann einmal gedacht, empfunden oder wie auch immer erlebt hast.
Auch über diesen Energiekörper können wir mit der Welt Kontakt aufnehmen, entweder im Guten oder Positiven oder im Bösen oder Negativen. Deshalb ist es auch wichtig, dass wir mit diesem Energiekörper unsere Kraft über den physischen Körper nach außen übertragen. Es gibt genügend Formen

auf dieser Welt die durch bewusstes Erlernen einen Menschen befähigen, andere Menschen egal wie weit sie weg sind zu beeinflussen. Das kann im Guten durch Reki, Kraftübertragung oder Geistheilen geschehen. Oder im Negativen durch schwarze Magie, Voodoo und wie sie alle heißen.
Oder einfach in dem du auf einen anderen Menschen wütend bist und ihm dieses oder jenes an den Hals wünschst. Auch hier kannst du sicher sein, dass energetisch genau dieses auch geschieht und egal wie weit diese Person entfernt ist, du bist in diesem Moment energetisch bei ihr.

Wenn Menschen sich dafür entschieden haben „im Rampenlicht zu stehen“, so werden sie ebenfalls alle Energie, Gedanken usw. die auf ihn/sie gerichtet sind, auch dort sofort ankommen. Auch alle Wünsche, Sehnsüchte usw. Dementsprechend muss und wird diese Person immer mehr aufgeladen und muss selber sehen immer in ihrer Mitte zu bleiben. Ansonsten wird er/sie sehr schnell mit all seinen noch nicht verarbeiteten Problemen und Programmen konfrontiert. Das kann wie gesagt im Negativen sein oder im Positiven und diese Person bekommt z.B. eine immer stärkere Ausstrahlung, Charisma.

Der Physische Körper

Diese Ebene ist die Ebene, die von den meisten Menschen als die einzige existierende Ebene angesehen wird. Aber auch hier gibt es bestimmte Richtungen, die wieder davon ausgehen, dass alles Leben nur auf einem Traum basiert und es uns in Wirklichkeit nicht gibt. Wie auch immer, sobald du unabsichtlich gegen etwas läufst in dieser Welt, wie z.B. gegen eine Tür, so wirst du sehr schnell merken, dass sie einfach da ist und eine festere Struktur hat als dein Kopf, wenn du dagegen gelaufen bist.

Unser Körper führt blitzschnell unsere Ideen und Gedanken aus. Diese Erfahrung hat jeder von uns auf seine Weise schon gemacht. Unser Körper besteht aus so vielen Zellen, Organen und hochkomplizierten Abläufen, dass jeder Mensch der neu geboren wird, einfach ein Wunder ist.

Jeder Mensch hat eine ganz eigene Schwingung, ähnlich einem unverwechselbaren Daumenabdruck oder einer ganz unverwechselbaren DNA. Jedes Organ eines Tieres oder eines Menschen hat eine ganz eigene Frequenz, die heutzutage mittels verschiedener Messgeräte nachgewiesen werden können. Durch unsere Lebenseinstellung, Lebensweise, äußere Einwirkungen usw. können die Organe unter- oder übersteuert werden.

Alle Organe können durch positive wie negative Impulse, oder durch Erlernen bestimmter Selbsthypnosemöglichkeiten in ihrer Funktion beeinflusst werden. Durch positive Impulse werden sie zu besonderer Aktivität angeregt. Diese Impulse können von Medikamenten eingebracht werden. Medikament heißt übersetzt = Heile durch den Geist!

Ein Medikament wirkt nicht über den Tag verteilt gleich, sondern es gibt Zeiten in denen es besser und stärker und zu anderen Zeiten wesentlich schlechter wirkt. Aber auch Lebensmittel haben hier auf diesen Bereich einen sehr großen Einfluss. Sie sind nicht nur Kalorienträger, sondern sie liefern auch jeweils bestimmte Frequenzen mit, die wir mit unserem physischen und den anderen Energieebenen brauchen und umsetzen.

Welche Botschaft hast du für mich?

Jede Begegnung mit einem anderen Menschen kann von uns aus verschiedenen Sichtweisen bearbeitet werden. Wir können davon ausgehen, dass eine Begegnung zufällig ist, oder das sie nicht zufällig ist.

Ich gehe davon aus, dass ich die Menschen zur rechten Zeit treffe, die ich mir entweder gewünscht habe oder von denen ich jetzt am meisten und besten lernen kann.

Wie viele Wünsche haben wir schon in unserem Leben gehabt und wie viele, oder muss ich sagen, wie wenige davon haben sich bis jetzt erfüllt?

Nun wenn du einen Überschuss an Wünschen, Ideen, Angst und unbewusste Übereinstimmungen in dir hast, so wird dein Unterbewusstsein und Überbewusstsein ständig Signale aussenden und mit den anderen Lebewesen versuchen auszumachen, wann und wo und wie sie miteinander das erfüllen können was bewusst oder unbewusst ausgesandt wurde. Sich noch erfüllen muss. Und dann begegnen wir Menschen und wundern uns, warum wir gerade diese erfreuliche oder unerfreuliche Begegnung miteinander hatten.

Hierüber ließe sich bestimmt ein eigenes Buch schreiben, aber ich möchte dich einfach anregen, dir selber einmal aus diesem Aspekt heraus deine nächsten Begegnungen anzuschauen und dich zu fragen, warum habe ich diese Begegnung gehabt? Was habe ich dafür getan?

Da wir uns nicht nur auf der physischen Ebene begegnen, sondern auf jeden Fall auch auf den anderen Ebenen miteinander kommunizieren, kannst du jeder Frau oder jedem Mann einfach mit deinen Gedanken die folgende Frage stellen:

Was hast du für eine Botschaft für mich?

Je intensiver du in dich hinein hörst, um so deutlicher wirst du auch die Antwort verstehen. Und eine Antwort erhälst du auf jeden Fall. Schärfe einfach deine Sinne dafür, es lohnt sich auf jeden Fall. Denn diese Antworten sind sehr ehrlich und genau.

Überlege dir doch einmal, dass jeder von uns Menschen, wie ich im Buch vorher schon beschrieben habe, ein Energiefeld um sich herum von 1 1/2 bis 2 1/2 Meter hat. Gehen wir bei unserem Beispiel davon aus, dass jeder der beiden ein Energiefeld von 2 Meter um sich herum hat. Kommen wir aufeinander zu, so werden wir uns schon im Abstand von mind. 5 Metern berühren und unsere ganzen

Wesen werden auf dieser Ebene miteinander all das austauschen, was wir voneinander wissen müssen und weitergeben wollen oder können. In diesem Bruchteil einer Sekunde hast du dir schon ein Urteil über den Menschen dir gegenüber gefällt.

Was du auch immer für eine Wahrnehmung oder ein Urteil von deinem Gegenüber bekommen hast, du kannst auf jeden Fall eine bewusste Frage stellen und jedes Wesen wird dir die in diesem Falle richtige Antwort geben.
Versuche es einfach einmal, zweimal, dreimal ....

Die neun Schlüssel zum Erfolg

Hier in diesem Kapitel des Buches bekommst du die neun wichtigen Schlüssel zum Erfolg. Wenn du diese beachtest und lernst sie bewusst einzusetzen, wirst du sehen, dass sich deine Wünsche und Visionen erfüllen werden.

1. Einen Wunsch finden !

2. Ergebnis sehen

3. Mit Gefühl verbinden

4. Ist es realisierbar ?

5. Will ich das überhaupt ?

6. Zeit nicht begrenzen !

7. Nicht über andere bestimmen !

8. Nicht zerreden!

9. Zweifel ausschalten !

1. Einen Wunsch finden!

Hier haben wir den Anfang zu unserem Wunsch. Wenn du erst einmal weißt, was du möchtest, so empfehle ich dir, diesen Wunsch genauer anzusehen, bevor du ihn dem Leben übergibst damit er auch erfüllt wird.

Ist es wirklich gut für mich, wenn sich jeder

Ist es wirklich gut für mich, wenn sich jeder Wunsch den ich mir so tagtäglich vorstelle, sich auch wirklich erfüllen würde? Ich glaube die Frage kannst du dir sehr wohl selber stellen und auch nach etwas Zeit zum Nachdenken oder Nachfühlen, kommst du zu einem Ergebnis das für dich persönlich stimmt.

Welcher von den beiden Typen bist du:

Ein Mensch, der in sich viele Wünsche empfindet und spürt, es sich aber aus welchem Grund auch immer versagt. Oder verbietet, dass du dies im Leben auch verwirklichst oder sie sich erfüllen!

Ein Mensch der seine Wünsche und Visionen nicht oder nur mangelhaft kennt und in sich erst einmal erforschen muss, was wirklich stimmt oder richtig für dich ist!

Wenn du etwas für dich selber tun möchtest, so nimm dir etwas Zeit, um es für dich herauszufinden. Denn du weißt ja wie es so ist, was ich erst einmal vor mir herschiebe, werde ich wohl nicht so schnell verwirklichen!

Ich habe einmal vor vielen Jahren ein Buch gelesen und darin kam folgende Geschichte vor:

Zu einem Mann kam einmal eine gute Fee. Ihr wißt ja wie gute Feen sind. Sie möchten dir helfen und haben drei Wünsche für dich, die sich erfüllen werden. Der Mann war sehr erstaunt, dass ausgerechnet zu ihm eine Fee kam, und da sie sehr schön aussah, freute er sich an ihrem Anblick. Sie sagte ihm, dass er sich drei Wünsche überlegen soll, die sich wirklich erfüllen werden. Er überlegte eine Weile und sagte dann zu ihr:

Ich wünsche mir, dass jeder Wunsch, den ich mir wünsche, in Erfüllung geht!

Als ich das damals gelesen habe, dachte ich mir, Mann, ist der Kerl toll. Der hat ja in einem Wunsch all das zusammengefasst, was ich mir selber auch schon immer gewünscht und mir so vorgestellt habe. Das ist toll! Das übernehme ich mir für mein Leben und ich wünsche mir jetzt und hier, dass sich meine Wünsche ebenso erfüllen werden.

Bis ich später merkte, dass es gar nicht so einfach ist, wenn sich wirklich alle Wünsche anfangen zu erfüllen. Denn ich merkte, dass sich auch die Wünsche erfüllten, die ich mir nur so nebenbei vorstellte oder die ich im Negativen spürte oder es mir dachte.

Auf einmal war ich erstaunt, was sich so alles in meinem Leben ereignete. Manches war ausgesprochen unangenehm, aber ich merkte schon, dass ich der Verursacher davon war und ich es nicht auf jemanden anders abschieben konnte. Damals bekam ich eine immer größer werdende Hochachtung vor dem Leben und spürte, wie schnell sich manchmal Dinge verwirklichten, die ich mir nur mehr nebenbei gewünscht hatte. Da kam so manches Lächerliches oder Peinliches heraus.

Manches allerdings verwirklichte sich einfach nicht, und wenn ich es mir auch noch so sehr wünschte, vorstellte und viel dafür tat, damit ich es endlich verwirklichen konnte. Es klappte einfach nicht und ich fragte mich, warum mich das Leben so benachteiligen will. Wo ich es mir doch soooo sehr wünsche und es mir doch sooooo guttun würde.

Im nachhinein bin ich froh, dass ich im Leben die Chance bekommen habe, einfach mir vorzustellen, dass ich alles im Leben machen und erreichen kann. So habe ich gelernt über viele meiner inneren Schranken zu springen und mir Sachen zuzutrauen, die ich sonst im normalen und gewohnten Leben nicht gemacht hätte.

Das Leben selber hat ganz bestimmte Pläne mit jedem von uns. Oder vielleicht haben wir als Wesen ja gesagt zu bestimmten Aufgaben, die wir hier als Mensch, Tier, Pflanze oder Stein übernommen haben. Die Frage ist nur, weiß ich es noch? Ist es mir noch bewusst als Erwachsener, was ich hier wirklich in diesem Leben, jetzt und hier für eine Aufgabe habe? Manchmal ist es so offensichtlich, dass wir vor lauter Bäumen den Wald übersehen und meinen wir müssen etwas ganz Besonderes machen, damit wir endlich glücklich sind. Oder einen anderen Beruf ausüben, wie auch immer. Deshalb haben ja auch bestimmte Berufe eine so große Faszination auf uns Menschen, denn im Fernsehen oder durch Werbung wird uns gezeigt: wenn du das machst oder das bist, dann bist du an deinen Wünschen angelangt und du hast alles was du brauchst.

Leider sieht die Wirklichkeit anders aus. Es gäbe immer noch etwas, was du dir noch wünschen kannst und was dir zu deinem Glück noch fehlt. Deshalb hast du immer mehrere Möglichkeiten, wenn du anfängst dich mit deinen Wünschen, Ideen, Bedürfnissen und Visionen genauer zu beschäftigen.

1. Herauszufinden, was du dir überhaupt wünschst

2. Soll sich dieser Wunsch wirklich erfüllen?

Was passiert, und wie wird sich mein Leben wirklich verändern, wenn es sich erfüllt?

3. Ist es besser, ich beschäftige mich mit diesem Wunsch und erkenne dabei, warum ich es mir einmal gewünscht habe!

4. Ist es jetzt noch aktuell, noch zeitgemäß dass sich der Wunsch von .... jetzt noch erfüllt?

5. Einem Wunsch der sich nicht erfüllen soll, wieder die Energie nehmen!

Ist dies jetzt und hier angesagt?!!

Ich glaube jeder von uns hat ständig Wünsche, aber die Kunst liegt eben darin, richtig damit umzugehen und sich nicht ständig einfach nur etwas wünschen und dann, wenn es sich irgendwann einmal verwirklicht, nicht mehr zu erkennen, dass letztendlich ich der Verursacher dafür bin. Sonst sind wir vielleicht verärgert, verunsichert oder fühlen uns vom Leben nicht richtig verstanden. Wir glauben irgendwann nicht mehr daran, dass wir die Gabe und die Fähigkeiten bekommen haben, unser Leben selber zu gestalten. Das wir im wahrsten Sinne des Wortes schöpfen, ein Schöpfer sind. Nicht nur Gott oder wie wir diese Macht auch immer nennen wollen, ist dazu in der Lage. Jeder von uns ist es und setzt es jeden Tag mit so vielen kleinen Dingen um, das es uns schon als Selbstverständlichkeit vorkommt. An größere Dinge trauen wir uns aber meist nicht heran, denn unsere Erziehung hat uns meist nicht dazu angeleitet das wir vollkommen J A zum Leben und zu uns sagen. Wir haben alle mehr oder weniger Grenzen erfahren und uns selber welche gesetzt. Dies dann als Erwachsener mir wieder zuzugestehen oder es jeden Tag durch Probleme und Schwierigkeiten wieder erleben zu müssen, ist ein Weg um sich selber wieder zu beobachten. Wenn du dann auch noch den Mut hast, dich ohne zu verurteilen zu beobachten und kennenzulernen, so wirst du anfangen wirklich ehrlich zu dir zu sein.

Nun, das liest sich so leicht, aber wie sieht es denn wirklich im Alltag aus? Du merkst etwas an dir und verurteilst dich gleich dafür. Oder wie gehst du wirklich mit dir um?

Du siehst zum Beispiel, dass du 3 Kilo um den Bauch herum zugenommen hast!

Freust du dich darüber dass durch den Genuss des Essens oder des Faulenzens dein Körper dir einen Speicher angelegt hat!

Oder verurteilst du dich irgendwann dafür und bist

mit dir unzufrieden? Fängst in Gedanken an dir Mittel und Wege zu suchen und zu finden, wie du es schnellstmöglich wieder los wirst und bist dann für lange Zeit vom Genießen des Lebens abgeschnitten, bis du wieder dieses „Problem“ gelöst hast?

Wieviel leichter und genussvoller kannst du das Leben genießen, wenn du es einfach annimmst und dich daran freust, dass es so ist. Dann kannst du auch mit Genuss abnehmen und dich während dieser Zeit weiterhin am Leben erfreuen.

Wie das gehen soll, fragst du jetzt vielleicht, wenn du öfters gerade mit diesem Thema zu tun hast? Nun genauso wie mit allen anderen Problemen!

Nimm es einfach an und freue dich darüber!

Osho hat einmal etwas weitergegeben, dass ich persönlich beim ersten Erfahren sehr toll fand und nachdem die Sensation darüber vorbei war und ich mich darüber beobachtete im Leben, merkte ich immer mehr, was für eine tiefe Weisheit dahinter steckt.

Das ist eigentlich der Schlüssel zu mir selber gewesen

Genieße es ein Problem zu haben!

Wir haben doch alle mehr oder weniger gelernt, dass wir uns mitten in einem Problem ärgern müssen und dass ein Problem immer mit Negativem in Verbindung gebracht wird. Nun, warum muss das so sein? Warum soll oder muss ich mich dann auch noch ärgern usw. ?

Warum nehme ich es nicht einfach einmal an so wie es jetzt ist und freue mich darüber! Warum muss oder soll ich denn noch mehr Kraft oder Energie in etwas stecken, was doch sowieso immer mehr versucht, negative Energie aufzusaugen und sich da-durch immer mehr aufzubauen?!

Es ist doch nicht einfach nur so entstanden, sondern das, was jetzt sichtbar geworden ist, ist die Summe von vielen unbewussten Wünschen oder Ablehnungen die ich teils bewusst oder teils unbewusst bisher in die Welt gesetzt habe.

Aber ich habe doch bloß gedacht......., oder gefühlt......., oder mir gewünscht......... usw.

Hast du denn immer noch nicht angefangen zu akzeptieren, dass alles was du machst, eine Auswirkung auf dich und dein Leben und deine

Um-gebung hat!

Nun, irgendwann wirst du damit anfangen müssen!

Warum also nicht jetzt und hier?

Oder leidest du gerne, macht es dir soviel Spaß?

Harte Worte sagst du! Nun, überhaupt nicht, das Leben ist weder hart noch ungerecht. Du selber gestaltest es dir. Steht nicht in der Bibel z.B. das wir ein Ebenbild Gottes sind? Ja warum soll ich dann nicht auch mit göttlichen Fähigkeiten ausgestattet sein?

Bloß weil uns unsere Religionen meist sagen, dass wir keine selbstbestimmenden Wesen sind um uns so besser lenken zu können. Nun, wenn du immer noch so denkst, lebst und empfindest, genieße es und sei glücklich dabei.

Wenn doch Zweifel daran vorhanden sind, wage einfach einmal den Schritt, darüber neu nachzudenken.
Ich weiß noch ganz genau, wie frei und toll ich mich als Erwachsener fühlte, als ich beschlossen hatte aus der Kirche auszutreten. Ich hatte es mir

genau überlegt und war mir sicher, dass es so richtig ist, denn jetzt war ich schließlich erwachsen und konnte selber bestimmen, was und wie ich mit diesem Thema umgehen würde. Als kleiner Junge wurde ich erst nach dem katholischen Glauben erzogen und später wurde beschlossen, dass ich nach dem evangelischen Glauben erzogen werden sollte. Nun, ich weiß noch genau, was in der Phase, in der ich den Schritt vollzog, für viele, tiefe Ängste in mir hochkamen, von denen ich nicht gedacht hätte, dass sie in mir steckten. Auf einmal merkte ich überdeutlich, wie tief diese ganze Macht mich innerlich ausgefüllt hatte und wie viele Ängste in mir hochkamen, als ich mich dafür entschieden hatte. Es dauerte ziemlich lange, bis ich wirklich frei davon war und verstanden hatte, was und wie es in mir verankert wurde in all den Jahren. Aber es hat mich nicht unreligiöser gemacht, wie mir immer wieder zuvor gesagt wurde, sondern ich fühle mich heute glücklich. Dies war meine Prüfung, die ich damals zu bestehen hatte und erlebe mich heute als göttliches Wesen, das seinen Weg geht und seine Lebensaufgabe hat und diese gerne lebt. (Mehr dazu in meinem zweiten Buch: Tabish)

So wie mache ich es jetzt also, einen Wunsch zu finden und mir sicher zu sein, dass es auch der richtige ist. Dass es gut für mich ist, wenn er sich für mich erfüllt!

Lass uns einfach ein wenig üben, denn du weißt ja, Übung macht den Meister!

Ganz einfach, schreibe einfach auf ein Blatt Papier alle deine Wünsche auf die du jetzt hast oder die dir einfallen. Nimm dir Zeit dafür und schau einfach mal, was dabei alles herauskommt.

Nicht nur einfach lesen und dann darüber hinweggehen, mache es jetzt wirklich und lege das Buch weg, bis du damit fertig bist!

....

....

Wenn du jetzt alles aufgeschrieben hast, nimm dir ein zweites Blatt. Schaue dir anschließend deine Wünsche einzeln an und schreibe links die Wünsche auf, die du gerne erfüllt haben möchtest, und rechts schreibe den Wunsch auf, bei dem du nicht so sicher bist.

Bitte erfülle es dir jetzt wirklich!

Wenn du jetzt noch einen Schritt weitergehen möchtest, so mache eine Vorschau!

Stell dir das Schlimmste vor, was passieren kann!

Wir haben mehr oder weniger gelernt, dass wir uns nicht ansehen, was mit mir im schlimmsten Fall passieren würde. Meist wurde uns gesagt, dass du dir nur das Positive vorstellen oder ausmalen sollst. Klar, stimmt ja auch zum Teil, denn wenn ich mir das Negative so einfach vorstelle, so würde sich ja auch dieses irgendwann erfüllen.

Deshalb machen wir jetzt Folgendes:

Du kannst dir dann anschließend einen Wunsch aus deiner Liste herausnehmen und ihn so bearbeiten. Je bewusster du bei der Sache bist, um so besser und schneller wirst du lernen damit umzugehen.

Du setzt dich bequem hin und nimmst dir Zeit. Schaue, dass du während dieser Zeit nicht gestört wirst.

Schalte ganz bewusst alle Störquellen aus. Es kann sein, dass dein Telefon z.B. „zufällig" in dieser Zeit anfängt dich zu rufen, oder merkst, dass du noch was Wichtiges machen müsstest usw.

Ich kenne die ganzen Tricks, mit denen wir so gerne mit uns arbeiten und schreibe es dir deshalb hier mit hinein, damit du nicht dieselben Fehler machen musst. Außer, du möchtest deine eigenen Fehler machen und sie erkennen.

Also, noch einmal. Nimm dir Zeit und sorge dafür, dass du nicht gestört wirst während der nächsten Zeit. Nimm deinen ersten Wunsch, den du dir aufgeschrieben hast auf der linken Seite. Den Wunsch, den du gerne erfüllt haben möchtest.

Stelle dir zuerst das Schlimmste vor was sein kann oder sein wird, wenn es sich verwirklicht. Gehe richtig hinein.

Wenn du merkst, dass hier keine Energie mehr vorhanden ist, stelle dir vor, wie es ist, wenn sich alles Positive verwirklicht. Gehe auch hier voll hinein und lebe es aus bis auch hier alle Energie heraus ist.

So kannst du deinen Wunsch energetisch reinigen!

Jetzt hast du einen Wunsch oder ein Energiegebilde, das neutral ist!

Jetzt können wir mit diesem gereinigtem Wunsch zum zweiten Punkt übergehen und bewusst damit arbeiten.

2. Ergebnis sehen

Stelle dir jetzt in aller Ruhe folgende Fragen und denke und fühle dich so genau wie du kannst hinein. Denn es geht hier nicht um etwas Abstraktes, sondern um etwas was du bewusst erschaffen wirst. Du bist schon mitten darin. Je klarer und genauer du hier bist, um so klarer und schneller kann es sich dann auch so verwirklichen wie du es eben in diesem Zustand erschaffst.

Natürlich kann es immer etwas geben, was du jetzt nicht überblicken kannst. Deshalb solltest du auch so genau wie möglich sein um Zweifel, Fehler oder tiefersteckende Impulse auszuschalten.

Ich möchte dir hierzu ein Beispiel geben, das sich tatsächlich zugetragen hat:

Ein Mann, der sich über lange Zeit bemühte eine Frau kennenzulernen mit der er reden, sich austauschen und unverbindliche Träume ausleben konnte, hatte alle seine Möglichkeiten ausgeschöpft und nach vielen Jahren war er immer noch alleine und fühlte sich inzwischen auch innerlich sehr einsam.

Wie es das Leben so will, er bekam eines Tages ein Buch in die Hände in dem über die Verwirklichung von Wünschen geschrieben wurde, und er machte bei den Veranstaltern einen Kurs mit. So wurde darüber lange geredet, dass sich jeder Wunsch erfüllen wird, wenn du es einfach willst.

Es wurde damals genannt:
Dann erschaffe oder backe dir doch einfach
....

Klar, der größte Wunsch, war eine Frau zu finden, mit der er zusammenleben und auch seine Sexualität leben wollte.

Also schrieb er auf, wie sie sein sollte, was sie alles können muss, wie sie mit .... und ..... jenem umgehen soll. Sie sollte überwiegend Vegetarierin sein, soundso groß sein, lange Haare haben, schönen Busen etwa so groß wie meine Hände haben. So stellte er sich immer genauer vor, wie sie aussehen und sein sollte.

Nachdem er sie in einem inneren und äußerem Erscheinungsbild erschaffen hatte und alle seine Wünsche, Träume und Vorstellungen mit hinein gegeben hatte, gab er das Bild an das Universum weiter damit es sich verwirklichen konnte.

Was er aber nicht wusste war, dass er auch seine ganzen ihm nicht bewussten oder nicht mehr bekannten inneren Wünsche und seine innere Probleme mit in das Bild hineinfließen ließ. Diese versuchten sich natürlich auch genauso zu verwirklichen.

Eines Tages sah er dann seine Traumfrau und konnte es zuerst gar nicht richtig fassen, dass es sie tatsächlich gab. Darüber lesen und in einem Seminar darüber zu reden oder zuzuhören, war etwas ganz anderes als es selber auszuprobieren und dann auf einmal festzustellen, dass es tatsächlich klappt.

Einerseits war eine große Freude da und andererseits war auch eine sehr große Angst da. Was, wenn es nicht klappt sie wirklich richtig anzusprechen, wenn ich einen Fehler mache und sie nichts mehr mit mir zu tun haben will? Wenn, wenn,...........

Er nahm dann allen Mut zusammen, denn er aufbringen konnte und sprach sie an. Mit einigen Anlaufschwierigkeiten klappte es dann auch, und sie entdeckten immer mehr Gemeinsamkeiten und fanden es schön beisammen zu sein.

In diesem Moment beschloss er innerlich:

Das ist genau die Frau, die ich mir gewünscht habe. Ich brauche nicht mehr weitersuchen. Ich werde alles daransetzen, mit ihr zu leben.

So setzte er dann auch wirklich alles daran, dass sie bei ihm blieb, selbst als sie es nicht mehr wollte und eigentlich wieder für sich sein wollte.

Er war natürlich schon „vorgebildet“ und wusste ja, dass man manchmal einem Menschen einfach beistehen muss, bis er merkt, wie gut er/sie es bei ihm hatte und half ihr diese Zeit zu überbrücken. Irgendwann waren sie dann auch fest zusammen, verheiratet wie wir es so schön bezeichnen. (Ab jetzt glücklich bis an Ende aller Tage)

Bald merkten sie beide, dass die schnelle Zeit des Zusammenziehens und Heiraten nicht nur gute

Seiten hatte, sondern jetzt kamen bei beiden immer mehr Zweifel, Unmut, Lustlosigkeit und das Gefühl von Bedrängnis und innerem und äußerem Gefängnis auf. Schau an, die Traumpartnerin hatte ja sehr viele Seiten in und an sich, die er sich so aber nicht vorgestellt und gewünscht hatte.

Sie versuchten beide so gut es ging, (natürlich jeder auf seine ihm ganz eigene Weise) damit fertig zu werden, aber auf Dauer klappten alle Einrenkungsversuche nicht, und sie trennten sich lange Zeit später wieder. Es dauerte noch lange, bis jeder wieder seinen Seelenfrieden gefunden hatte und mehr zufällig begegnete dem Mann dann eine Frau, die teilweise dem Bild entsprach, das er sich damals gemacht hatte. Nun war er aber schon ein gebranntes Kind und schaute sich schon genauer an, ob er bereit war mit ihr es noch einmal zu versuchen und siehe da, ohne die rosarote Brille, gab es vieles was hier einfach da war, ohne dass er sich groß darum bemühen musste. Als er sich das zweite Mal daran machte, sich seine Traumfrau zu „backen", war er schon viel vorsichtiger damit umgegangen und hatte gelernt, dass es vieles gab, was er sich beim ersten Mal nicht genau vorgestellt hatte. Oder wo er damals einfach viel zu engstirnig vorgegangen war. Deshalb war diese Beziehung dann auch schon viel harmonischer und gab beiden viel Kraft im Gegensatz zu der ersten Beziehung.

Deshalb habe ich dir im ersten Teil geraten, deinen Wunsch zu neutralisieren. Du wirst in jeden so vieles mit hineingeben, was in dir steckt und du es meist überhaupt nicht mehr erkennen kannst, welche unbewussten Talente und Kräfte da im Positiven wie im Negativen in dir stecken. Sie werden auch versuchen sich zu leben.

Wenn du einen Wunsch gefunden hast, sehe das Ergebnis!

Stelle dir so genau wie möglich vor, wie es ist, wenn du jetzt in diesem Moment erlebst wie sich dein Wunsch erfüllt. Wie du ihn erlebst, bewusst mitbekommst wie es sich erfüllt. Sei so genau und realistisch wie möglich. Lasse aber immer auch Platz für Dinge, die du nicht genau vorher erkennen kannst. Die sich aber ebenfalls mit erfüllen können oder müssen um dem Ganzen den richtigen Rahmen zu geben. Damit es positiv und richtig ist, es zu leben. Bitte doch einfach dein Unterbewusstsein, Gott oder das Leben darum, dass das Richtige geschieht und du die richtige Hilfe bekommst.

Es ist ganz einfach!

Du musst es nur tun!

3. Mit Gefühl verbinden

Dies ist jetzt ein weiterer wichtiger Punkt den du einfach kennen und auch anwenden musst. Je mehr du es ausprobierst, um so mehr wirst du sehen, wie wichtig es ist. Egal ob bei kleinen oder großen Wünschen, je mehr Gefühl du mit einbaust, um so besser ist es auch für dich.

Es geht auch nicht, sich hinzusetzen und aus welchem Grund auch immer, zu versuchen alles auf einmal durchzuspielen. Es wird nicht richtig gelingen. Du mußt dir einen Wunsch herauskristallisieren und ihn wirklich Punkt für Punkt mit mehr Leben erfüllen!

Natürlich will ich dich nicht davon abhalten es auszuprobieren und deine eigenen Erfahrungen zu machen. Aber wenn du es schnell, leicht und effizient machen möchtest, so hast du hier im Buch die besten Anleitungen hierzu.

4. Ist es realisierbar?

Du weißt sicher selber genau, wie viele Wünsche und Träume du jeden Tag hast und wie gerne wir uns alle in andere Rollen, Personen usw. hineinversetzen. Hier kannst du all das machen, wozu du in der Realität jetzt und hier nicht in der Lage bist es tatsächlich zu leben.

Das ist durchaus nicht falsch oder schlecht. Bis zu einem gewissen Maße ist es für jeden von uns wichtig, und so können wir etwas ausprobieren und sehen ob es für mich richtig wäre oder nicht, bevor du z.B. viel Kraft, Zeit und Energie deines Lebens hineinsteckst um es zu verwirklichen.

Wenn dieser Punkt, damit zu spielen für dich jedoch überschritten ist, so wirst du anfangen, nicht mehr damit zu spielen, sondern es wird dich anfangen in das Spiel immer mehr hineinzuziehen. Du wirst nicht mehr der Spieler sein, der es beherrscht, sondern der Spieler, dem immer mehr Macht und Kontrolle entzogen und abgenommen wird. Du bist irgendwann nicht mehr der Regisseur und Drehbuchschreiber, sondern wirst immer mehr nur noch eine Spielfigur. Tagträume sind wirklich reinigend für uns und hilfreich. Wenn du aber in eine Traumwelt gehst um Dingen auszuweichen, denen dich zu stellen du hier in der Realität und dem Hier und Jetzt nicht bereit bist. Du wirst es schwer haben, wieder ein bewusstes „Stop“ zu finden und bewusst herauszukommen. Mit allen Suchterscheinungen und Abhängigkeitssymptomen. Du kannst es auch nur schaffen, wenn du wirklich bereit bist, dich darauf einzulassen. Alles andere ist ein verlorenes Spiel mit sich selber und du wirst sogar noch neue Abhängigkeitsmuster in dir aufbauen.

Deshalb ist es so wichtig zu lernen, ehrlich zu mir zu sein und es immer mehr zu leben!

Es ist natürlich schön, sich vorzustellen, allen materiellen Reichtum zu haben und es auch genießen zu können. Aber in den seltensten Fällen, wird es dir einfach so geschenkt oder du findest einen Koffer voller Geld. Oder du gewinnst es in einem Glücksspiel. Wenn du es so nicht kannst, wirst du wohl oder übel eine Gegenleistung im Leben dafür erbringen müssen, um dies zu erhalten.

Wenn du weder in der Politik bisher tätig warst, noch Zeit, Energie und einen großen Teil deines Lebens hineinstecken willst, tatsächlich Bundeskanzler von Deutschland zu werden, ist es wohl mehr ein unrealistischer Traum. Die Wahrscheinlichkeit Bundeskanzler einfach so zu werden ist jedoch nicht besonders groß. Aber wie gesagt, wenn du es für dich als wirklich realisierbar siehst, so nimm es an und schau ob das Leben es für dich vorgesehen hat.

Deshalb stelle dir hier wirklich genau diese Frage und wenn du sie voll und ganz ehrlich mit „Ja" beantworten kannst, gehe zur nächsten Frage weiter:

Ist ...... es für mich realisierbar?!

Wenn du bei einem Punkt keine volle Übereinstimmung feststellst, so gehe nicht einfach darüber hinweg oder tu so, als ob du es später noch nachbessern kannst.

Breche hier wirklich ab und schaue dir noch einmal genau an, was hier los ist!
Sofern du merkst, dass es hier nicht mehr weitergeht, beende den Wunsch und gebe in auf. Er ist jetzt und hier wirklich zu Ende. Auch wenn ein Teil von und in dir es nicht ganz wahrhaben will.

Löse den Wunsch auf, damit er sich nicht soweit erfüllt, wie du bisher Kraft und Energie hineingegeben hast.

5. Will ich das überhaupt?

Die Fragen die du dir hier stellen solltest:

Kann ich es mir wirklich, ehrlich vorstellen .... zu sein/zu werden?

Stimmt es mit meinen inneren Lebenszielen überein?

Ist es wirklich gut für mich, wenn es sich realisiert?

Kann und will ich es überhaupt annehmen?
Was muss ich dafür aufgeben und bin ich dazu bereit?

Möchte ich denn eine wirkliche Verbesserung in meinem Leben?

Nun, diese und deine eigenen Fragen mögen dir im ersten Moment vielleicht komisch erscheinen, denn du hast dir ja gerade diesen Wunsch ausgesucht und bist bisher davon ausgegangen, dass du bereit bist Energie, Zeit und dein Leben hineinzugeben. Und jetzt auf einmal diese Frage, will ich das überhaupt?

Klar doch, sonst hätte ich doch nicht ....gewünscht. Nun, wenn du hier Zweifel erfährst, so ist hier noch eine gute Möglichkeit abzubrechen.

Merkst du auch hier, dass es absolut richtig ist, wenn es sich erfüllt, so sage nochmals ja dazu und gehe zum nächsten Punkt.

Denn nicht jeder deiner Wünsche wird so leicht mit ja zu beantworten sein und deshalb ist es wichtig, hier ebenfalls ehrlich zu sein.

6. Zeit nicht begrenzen

Oft machen wir den Fehler, dass wir uns etwas wünschen und gleichzeitig aber auch schon die Erfüllung des Wunsches behindern. Indem wir die Zeit, wann es sich verwirklichen soll, mit festlegen.

Bei manchen Wünschen im Leben ist es auch richtig, und deshalb ist es eine Kunst immer die Mitte zu finden. In vielen unserer alltäglichen Handlungen müssen wir präzise und sehr genau sein. Denken wir nur an manchen Arbeitsablauf. Hier kann und muss ich schon eine genaue Zeitangabe mit einplanen. Wenn eine Arbeit unbedingt zu einem genauen Abgabetermin fertig sein muss. Wenn z.B. ein Kind Hunger hat, so kann ich es natürlich solange warten lassen, bis ich endlich Lust und Zeit habe ihm etwas zu machen. Aber das ist wohl nicht immer der richtige Weg. Oder wenn die Ampel von grün auf gelb umspringt, und ich die Entscheidung zu treffen habe, ob ich jetzt bremse oder bei rot über die Ampel fahre. Natürlicher sollte hier das Abbremsen erfolgen. Aber jeder von uns hat immer den freien Willen zu entscheiden. Und natürlich die Konsequenz aus der Entscheidung und Handlung zu tragen.

Es wäre also nicht korrekt hier zu behaupten, es gibt keine Entscheidungen, die wir nicht zeitlich begrenzen wollen oder müssen. Bei kurzfristigen Entscheidungen muss es sein.

Anders ist es jedoch bei Entscheidungen, die wir mit einer genauen Zeitentscheidung am Entstehen behindern würden.

Solange wir als Menschen nicht in der Lage sind, alles zu überblicken und damit meine ich wirklich alles, was jetzt selbst im Kleinsten abläuft, kann ich immer nur etwas wünschen und hoffen, dass es sich auch tatsächlich für mich erfüllt.

Eine gewisse Demut oder Respekt vor dem Leben sollte schon dabeisein. Immerhin fordern wir in diesem Moment etwas. Wir alle kennen es aus dem täglichen Leben wie es ist mit Forderungen ist. Nicht jede ist wirklich berechtigt, oder wir und andere sind bereit sie zu erfüllen. Nur wenn wir einen Sinn sehen, können wir es mit Freude machen. Werden wir allerdings auf Dauer gezwungen, so werden wir uns innerlich sperren und irgendwann Mittel und Wege finden um entweder aus dieser Situation herauszukommen, oder wir ziehen uns innerlich zurück und bekommen dann selber Probleme damit. Sind wir immer in der Lage es tatsächlich zu überblicken und bewusst zu entscheiden? Dann auch noch die Konsequenz davon zu tragen?

Ich selber hatte angefangen Lotto zu spielen und mir vorgestellt den Hauptgewinn zu bekommen. Wie ich das Geld in den Händen halte, und was ich dann alles in meinem Leben ändern werde. Irgendwann war ich dann richtig verärgert, dass ich immer noch nicht gewonnen hatte, denn ich hatte fast unbemerkt den Gewinn nach einiger Zeit als mein Anrecht darauf angesehen und es schon eingeplant. Natürlich war ich sauer, dass ich den Hauptgewinn noch nicht hatte, schließlich bezahlte ich ja jede Woche für den Lottoschein mein Geld ein. Wo blieb da das Entgegenkommen? Das ging dann solange, bis ich merkte, was los war und dann konnte ich anfangen mich wieder aus dieser Misere herauszuholen. Ich war nicht mehr locker genug und hatte einfach nur noch gefordert, war trotzig wie ein kleines Kind und sauer, weil ich nicht das bekommen hatte, was ich meinem Empfinden nach als berechtigt angesehen hatte. So habe ich eine Menge wirrer Energie aufgebracht und in meinem Leben damit erst einmal viel Chaos erlebt, bis ich mich wieder auf das Wesentliche ausgerichtet habe.

Vielleicht kommt mein Lottogewinn ja noch, wenn ich es dem Leben überlasse, und wenn es für mich wirklich stimmt.

Je mehr du die Zeit bei deinem Wunsch begrenzt, um so schwieriger wird es beim Erfüllen. Vielleicht sogar unmöglich. Wir sollten einfach mit mehr Vertrauen herangehen. Warum soll das Leben nicht besser wissen was für mich wirklich gut ist?

Damit ist nicht gemeint, die Hände in den Schoß zu legen und einfach abzuwarten, dass sich alles von alleine verwirklicht.

Wenn du dir etwas wirklich intensiv wünschst, ist es doch wichtig dass es sich erfüllt? Wann, lass es einfach zum richtigen Zeitpunkt passieren und wenn es bei manchen Wünschen in einem bestimmten Zeitrahmen passieren müsste, so lasse es einfach offen und fordere es nicht exakt heraus. Sondern in diesem Zeitrahmen. Vielleicht denkst du, es muss sich z.B. in einer Woche erfüllen, aber in Wirklichkeit ist schon alles soweit vorbereitet, dass es sich in der nächsten Stunde bei dir erfüllen könnte. Du kennst doch unsere sogenannten Zufälle.

Reiner/Rainer Zufall, sagen alle. So habe ich mir lange den Spaß erlaubt nachzufragen, wie er denn aussieht und dass ich ihn schon wieder verpasst habe. Jeder redet von R. Zufall, aber er ist immer schon wieder weg, wenn ich da bin. Manchmal dauerte es eine Weile bis der Witz verstanden wurde.

Aber was glaubst du, wie dumm ich im ersten Moment geschaut habe, als ich erlebte dass es wirklich einen Rainer Zufall gibt!

Schau also bei deinem Wunsch, den du Punkt für Punkt durchgehst, wie du die Zeit hier mit einbaust!

7. Nicht über andere bestimmen!

Wie gehst du selber damit um, wenn du eingeplant wirst oder wenn andere über dich bestimmen?!

Wie und wie oft bestimmst du über andere Menschen?

Bist du bereit, selber zu erledigen, was du von anderen erwartest?

Unterstützt du andere in ihrem Vorankommen oder blockierst du sie?

Kannst du dich und andere lieben so wie es jetzt ist?

Bist du bereit, über deine wirkliche Rolle im Leben nachzudenken?

Bist du eine Person, die lieber ausführt oder Anweisungen gibt?

Dieser Punkt, nicht über andere zu bestimmen, ist ebenso leicht wie manchmal sehr schwer im Leben umzusetzen. Nicht immer ist es so leicht wie es im ersten Moment erscheint und bei genauerem Hinsehen kannst du hier sehr viel von dir erkennen

Ich möchte dir das Beispiel einer Frau aufzeigen,

die von sich das Gefühl hatte, absolut gut und perfekt zu sein.

Nachdem sie sich in eine Beziehung eingelassen hatte, in der der Mann nicht bereit war immer nur auf sie einzugehen, sondern sie aufgefordert hatte, sich selber kennenzulernen, kam sie irgendwann an einen Punkt an dem sie die Beziehung abbrach. Ihrem Gefühl nach war sie doch sowieso schon lange auf dem Weg und da sie sich esoterisch in vielen Dingen auskannte und bewegte, war sie vielem gegenüber nicht mehr anfällig. Wie sie dachte und auch so danach lebte. Sie hatte andere kennengelernt und diese Richtung war natürlich viel besser und brachte sie schnell zur Erleuchtung. Viel meditieren, fast auf alles verzichten und einfach alles tun um schnellstmöglich die Erfüllung zu erlangen. Über innere Widerstände wurde zwar geredet, aber sie wurden nicht wirklich ins Leben mit einbezogen. Es musste immer so gelebt werden, als wenn man sie zwar erkennen kann, aber einfach mit einem: „das will ich jetzt nicht mehr und das ändere ich jetzt einfach, abgetan".

Ist es ein Wunder, dass sie immer mehr Probleme bekam und sich jemanden suchte um darüber zu reden. Doch das auch wieder mit dem inneren Gefühl, dass es nicht richtig sei, denn sie müsste ja knallhart zu und mit sich sein. Denn nur so könne sie die inneren Widerstände überwinden.

Aber sie war halt nicht der Typ für den es so richtig war. Andere konnten diesen Weg besser gehen, aber auch sie hatten ganz schön damit zu kämpfen.

Ihr Beruf brachte natürlich immer mehr Probleme und auch hier erlebte sie den Absturz. Doch sie konnte es alles noch überspielen, nur als es darum ging, ihr Kind innerlich loszulassen, kam sie an ihren „Knackpunkt". Sie weigerte sich immer mehr und in einer ihrer Meditationen wurde von ihr verlangt, zu gehen und ihr Kind zurückzulassen. Nun, für sie war das Kind das Ein und Alles, und auf einmal merkte sie, worauf sie sich hier wirklich eingelassen hatte. Darüber reden, nachdenken usw. ist eine Sache, wirklich vor der Entscheidung zu stehen und es dann auch umzusetzen ist eine andere Sache. Sie brauchte dann wieder lange, bis sie nach vielen inneren Umkehrprozessen ihren wahren Weg im Leben gefunden hatte und es annehmen konnte. Nicht jeder Weg der angeboten wird, ist auch der richtige Weg für mich, ich muss meinen Weg manchmal erst finden und dann auch aufrichtig ja dazu sagen können. Ansonsten ist es oft eine Möglichkeit vieles über sich zu erfahren, wenn ich ehrlich zu mir bin und bleibe und mich selber beobachten kann.

Die Kunst ist es zu erkennen und sich nicht in etwas zu verrennen oder zu verlieren. Locker zu bleiben und sich immer wieder einmal zu fragen:

Stimmt das .... jetzt noch für mich?

Kann ich es noch mit all meiner Kraft, Überzeugung und Lust machen?

Du möchtest nicht mehr alleine sein und wünschst dir eine/n Begleiter/in und triffst jemanden, der dir gut gefällt. Du meinst, das ist die Person. Und dann neutral bleiben und nicht über die andere Person bestimmen?!

Warum siehst du nicht einfach, wie du Liebe bekommst oder wie du massiert wirst oder was du dir auch immer wünschst. Das ist doch das, was du dir wünschst. Warum willst du in deinem Wunsch auch noch die genaue Person mit hineinnehmen. Wenn es der/die richtige Partner/in ist, wird er/sie doch automatisch dies mit dir machen. Wenn die Energie stimmt, die du aussendest und die vom anderen empfangen wird. Ansonsten bekommst du vielleicht eine Massage, aber nicht das was du freiwillig noch alles dazu bekommen kannst. Nur so wird es intensiv und schön sein. Das andere ist mehr mechanisch.

Verstehst du, was damit gemeint ist?

Es ist nicht damit gemeint, andere Menschen in deine Pläne, Wünsche oder Ideen mit einzubeziehen. Sie damit jedoch zu beeinflussen und indirekt zu zwingen, das ist damit gemeint. Die Kunst ist neutral zu sein und zu bleiben.

Schau einmal, wie du das in deinen Wünschen mit einbauen kannst, und überlege dir doch einfach einmal, was daraus passiert, wenn du deinen Wunsch..... so verwirklicht bekommst! Ist es das, was du wirklich willst?

Oder möchtest du eigentlich etwas ganz anders haben?

Seit 1984 führe ich fast jede Woche Vorträge zu zwei Themen in ganz Deutschland durch und bin seit dieser Zeit mehrmals im Jahr mit Ausbildungen selber beschäftigt. Natürlich gebe ich seit dieser Zeit auch verschiedene Seminare in denen ich grundsätzlich aufzeige wie wichtig es ist, erst einmal sich selber kennenzulernen. Denn nur wenn ich weiß, was in mir alles an unbewussten Handlungen abläuft, wie oft und blitzschnell ich von anderen Menschen ständig beeinflusst und manipuliert werde - oder selber andere manipuliere - erst dann kann ich es wirklich erkennen und dies auch unterbinden.

Erst dann kann ich wirklich anfangen, selber ganz bewusst und willentlich mein Leben zu leben. Mit verschiedenen Ruten und Pendel können diese unsichtbaren und damit meist verborgenen Abläufe sichtbar gemacht werden und so für uns besser nachvollziehbar. Hierzu könnte ich ein ganzes, eigenes Buch schreiben. Ich möchte dir aber einfach hier in diesem Buch sagen, dass dieser Punkt ganz wichtig ist. Denn je mehr du andere fest einplanst um so weniger freiwillig wirst du von anderen etwas erhalten. Und du weißt selber, wieviel du gibst, wenn du etwas freiwillig und von dir heraus machst oder wenn du etwas machst, weil du es machen musst. Wir registrieren dies oft als Unlust, Widerwillen oder mangelnde Arbeitsmoral, oder Arbeitslust. Wir machen es eben, aber nicht mit der Freude und Lust und Energie die wir sonst für uns selber dabei erleben und mit hineingeben können.

8. Nicht zerreden

Ich habe mir vorgenommen, jetzt abzunehmen, erzählst du z.B. deiner Freundin und redest lang und breit darüber. Der Nächste den du triffst, kann es sich ebenfalls anhören und je mehr du davon redest um so mehr Hunger wirst du wahrscheinlich bekommen. Woher willst du kann auf einmal die Kraft aufnehmen, jetzt plötzlich nein zu sagen oder diese Vorstellung von Essen die da vor dir schwebt zu durchbrechen?

Oder wenn du jemanden triffst und ihm anvertraust: Ich habe ein Geheimnis! Und dann direkt anfängst, es auszuplaudern. Das ist dann kein Geheimnis, sondern eine raffinierte Art die Aufmerksamkeit deines Gegenüber zu fesseln und zu bekommen. Ein wirkliches Geheimnis ist etwas was du kennst, aber nicht jedem erzählst.

Vielleicht hast du einmal von Walt Disney in seinen Comics die Figur von Dagobert Duck gesehen. Er ist die reichste Ente der ganzen Welt. Er ist ständig dabei seinen Reichtum zu vermehren und das Wichtigste daran ist, dass er sich über jedes seiner Geschäfte riesig freut und manchmal fast ausflippt dabei. Ihm macht es einfach Spaß, und es ist seine Natur so zu leben. Er lebt es voll aus. Andererseits heult er auch ganze Bäche und Seen aus sich heraus, wenn er etwas verloren hat oder nur Zweiter geworden ist.

Hier sind zwei ganz wichtige Lebensprinzipien in dieser Figur vereint die in jedem von uns stecken:

Tue alles was du tust voll und ganz!

Du bist nur dann der reichste Enterich/Mann der Welt, wenn du dein Geld nicht ausgibst, sondern es bewusst vermehrst.

Verschleudere deine Energie nicht.

Worin findest du dich wieder:

Geld hat für mich die Bedeutung von ....

Für mich ist Geld nicht wichtig
Für mich ist Geld wichtig
Geld selber ist nichts
Ich will mein Leben nicht nach Geld ausrichten
Geld lehne ich ab
Mir wäre eine Welt ohne Geld lieber
Ich bin bereit alles für Geld zu tun
Ich gebe Geld direkt aus
Ich spare soviel Geld zusammen wie es nur geht
Geld ist die Wurzel allen Übels auf dieser Welt

Geld ist reine Energie und sonst nichts
Mit genug Geld kann ich im Leben machen was ich will
Wenn ich genug Geld habe, verlasse ich diese Zivilisation und mache das was ich schon immer wollte
Ich kann mein Geld einfach nicht zusammenhalten
Die Menschen müssten vielmehr Geld verschenken
Ich verschenke mein Geld gerne
Mit Geld kann ich Anderen eine Freude bereiten
Ich brauche einfach (Summe.....) Geld!
Geld ist für mich meine Sicherheit
Ich will mir .... kaufen, also brauche ich jetzt schnellstmöglich (Summe.......) Geld

Wahrscheinlich gibt es noch viele andere Aussagen über Geld, aber wichtig ist doch bei dem Ganzen, was ist für dich jetzt wichtig. Geld selber ist nichts. Es ist nur so wertvoll, weil es eines der Grundbedürfnisse von uns Menschen befriedigt und stillt. Geld hat deshalb diese Macht auf der Welt, weil wir daran g l a u b e n.

Wenn du etwas mehr über dich erfahren willst, schaue dir einfach einmal an, mit was für Aussagen du dort eben eine Übereinstimmung gefunden hast. Das stimmt für mich so!

Kannst du das den wirklich nur leben oder machen,

wenn du das nötige Geld dazu hast?

Könntest du nicht jetzt in deinem Leben Mittel und Wege finden, um es mit einzubauen oder nach ein paar Änderungen es ebenso jetzt schon leben?!

Die Energie, die wir alle in das Geld hineinstecken, macht das Geld so wertvoll. Die sichtbare und die unsichtbare Energie. Die Energie die wir mit Übereinstimmung und Freude und die Energie die wir mit Ablehnung und Wut oder Hass hineingeben. Nur weil wir alle etwas von unseren Regierungen als Wert festgelegt bekommen haben und daran glauben, hat Geld diesen und jenen Wert. Egal welche Währung du nimmst. In der Geschichte wurde uns doch schon so oft gezeigt, wie ein verändertes Wertschema unser Geld entweder auf- oder abgewertet hat.

Nun, was hat dieses Beispiel jetzt mit unserem Punkt - nicht zerreden - zu tun?

Solange du an etwas glaubst und dort Energie hineinsteckst, um so mehr wird es sich mit neuer Energie anreichern und anfangen neue Energie anzusaugen. Es entsteht eine Energiekugel, wenn sie auch mit unserem optischen Sinn vielleicht nicht immer sichtbar ist. Aber wir haben ja zum Glück noch viel mehr Sinne. Sind sie bei dir ausgebildet?

Wenn du Lust auf ein schönes Butterbrot hast und anfängst darüber zu reden, so kannst du zwar dich oder andere davon überzeugen wie gut es sein kann oder wie gut es schmecken würde. Aber nur wenn du wirklich hingehst und dir eine Scheibe Brot vom Brotlaib abschneidest, es mit Butter bestreichst und es abbeißt, zerkaust und hinunterschluckst, hast du es richtig körperlich aufgenommen. Dann erst ist es eine Realität für dich geworden, - diese Scheibe Brot - und dein Körper kann sie verdauen und ausscheiden.

Nur wenn du dir einen Wunsch gesucht und gefunden hast und ihn dir auch wirklich vorstellen kannst, kannst du ihn bearbeiten und so ihm immer mehr Energie geben. Ihn von deiner ganzen unbewussten negativen wie positiven Energie befreien und ihn Schritt für Schritt mit immer mehr Lebensenergie auffüllen, damit er sich tatsächlich erfüllen kann in dieser Realität oder Dimension.

Je mehr du es zerredest, um so weniger Energie ist vorhanden, damit es sich verwirklichen kann.

9. Zweifel ausschalten

Oh ja, Zweifel können sehr gut verhindern, dass sich ein Wunsch von dir erfüllen wird.

Das ist auch ganz normal, denn Zweifel sind Prüfungen für dich an denen du immer wieder dich selber prüfen kannst, ob du es wirklich möchtest !

Gäbe es keine Zweifel, würden sich alle unsere Wünsche sofort und schnell erfüllen. Das wäre gut so, magst du jetzt vielleicht sagen. Aber stell dir doch einmal vor, wie es in Wirklichkeit aussehen würde. Du hast z.B. eine Meinungsverschiedenheit mit jemandem und alle deine negativen Empfindungen, die du bewusst oder unbewusst gegen deinen Gegenüber fühlst oder dir denkst, würden sich sofort erfüllen?
Einfach so und jetzt und hier!

Sei einmal ehrlich, wie würde die Welt wirklich aussehen?!

Wir werden ja schon jetzt ständig bewusst oder unbewusst von anderen manipuliert oder manipulieren andere. Zum Glück hat unser Wesen hier auf dieser Ebene verschiedenste Abwehrmöglichkeiten, denke nur an die einzelnen Schichten der Aura, die ich schon beschrieben habe.

Zweifel heißt doch nicht umsonst = zwei Fälle

Du magst vielleicht den Wunsch haben so und so erfolgreich zu sein. Aber warum bist du es dann nicht wirklich?
Jetzt und hier!

Wenn du es dir doch soooo sehr wünschst!

Kann es vielleicht daran liegen, dass du es dir zwar wünschst, aber nicht bereit bist, auch alles dafür zu tun, bis es sich erfüllt hat, bis du es geworden bist!

Das sich dein Leben dann tatsächlich ändern würde und du es tief innen in dir überhaupt nicht willst, wenn du zu dir ehrlich bist?!

Das du eigentlich eine große Angst davor hast, weil du es noch nicht gewohnt bist und dich so wie du jetzt lebst es zwar nicht optimal findest, aber dich daran gewöhnt hast?

Jeder von uns wird immer wieder mit Zweifel konfrontiert werden, auf dcm Weg, sein Leben oder seine Wünsche sich zu erfüllen. Das bleibt nicht aus und ist auch ganz natürlich. Der Unterschied ist nur der einzige Punkt:

Wie gehe ich damit um?

Lässt du dich von deinen Zweifeln blockieren und es geht überhaupt nichts mehr, oder kannst du diese Prüfung bestehen und mit noch mehr Entschlossenheit und Energie weitermachen?

Gut, lass uns deshalb konkreter werden!

Zweifel sind zwei Fälle. Wenn wir das akzeptieren, heißt das doch, du hast zwei widersprüchliche Energien in dir. Die eine Seite sagt dir, dass es richtig ist was und wie du es machst und das du es schaffen kannst. Die andere Seite sagt dir das Gegenteil.

Welcher Seite glaubst du mehr, welche hat mehr Kraft oder Überzeugung für dich? Welche Seite kann die besseren Argumente bringen, welche kann dich stärker beeinflussen?

Wir haben vorhin die Möglichkeit gelernt, etwas zu neutralisieren! Kannst du dich noch daran erinnern?

Wenn du also wirklich in einem Zweifel steckenbleibst, so stelle dir einfach das Schlimmste vor, was es dir ja sowieso in diesem Moment zeigt. Gehe voll hinein und gehe es solange durch, bis du wirklich damit fertig geworden bist. Bis du davon frei geworden bist. Dann kannst du wieder neu entscheiden, für was du dich neu ausrichtest.

Deshalb kannst du dir einfach eine Sicherung in deinen Wunsch mit einbauen. So wie in einer Stromleitung in einem Haus. Ist der Bedarf an Strom zu groß, so schaltet die Sicherung einfach den Strom aus, bevor ein Brand entstehen kann.

Gib dir den Impuls bei einer Wunscherfüllung mit ein, dass im Falle eines starken Zweifels, der dich von deinem Wunsch abzulenken droht, du dir eine Zeit nimmst, um herauszufinden, was du jetzt wirklich willst, um neu entscheiden zu können.

Nicht jeder Zweifel ist schlecht oder falsch. Es gibt ja oft auch Situationen in denen wir einfach feststellen, dass jetzt etwas veraltet ist und es sich nicht mehr lohnt, noch mehr Energie in das Projekt hineinzustecken, damit es sich erfüllt.

Ich kann dir nur raten, jeden Zweifel ernst zu nehmen. Er ist immer eine Prüfung für dich.

Du entscheidest, ob du die Prüfung schnell und einfach bestehst und dich für die aufgebaute Energie die du bisher hineingesteckt hast entscheidest, - oder ob du dich entscheidest, die Energie wieder abzubauen.

Jetzt also die praktische Seite dieses Punktes noch einmal kurz zusammengefasst :

Zweifel gibt es immer - baue dir eine Sicherung ein

Nimm dir die Zeit, wenn es nötig ist, um deine Zweifel an der Wunscherfüllung anzuschauen und dann neu entscheiden zu können.

Zusammenfassung der einzelnen Punkte unserer Wunscherfüllung:

Nimm dir die Zeit, die du brauchst und die Ruhe um deinen Wunsch zu finden, den du verwirklicht haben willst!

Sehe das Ergebnis - so als wäre es jetzt schon verwirklicht!

Mit Gefühl verbinden - gib dein inneres Ja dazu!

Ist es realisierbar? - Ja? Dann weitermachen.
Will ich das überhaupt? - Ja? Dann weitermachen.

Zeit nicht begrenzen - Lass es sich selber entscheiden oder wenn es sein muss, nimm dir einen zeitlichen Spielraum

Nicht über andere bestimmen - sieh das, was du wirklich willst und plane nicht gleich jemanden voll dafür ein.

Nicht zerreden - behalte und sammele die Energie damit sie sich vergrößern kann

Zweifel ausschalten - sind Prüfungen, wie entscheidest du dich jetzt neu?!

Jetzt kommt das Wichtigste:
Gib deinen Wunsch frei. Gib den Wunsch ins Universum und warte, bis es mit immer mehr Energie zu dir zurückkommt und immer mehr zu deinem eigenen wird. Dass es ein Teil von dir und du ein Teil von ihm wirst. Zweifel sind einfach Zeitpunkte, in denen du entscheidest, ob du dich weiter darauf einlassen willst.

So kann sich jeder Wunsch erfüllen!

Das Wunschbuch

Wenn du der Typ Mensch bist, der gerne mehr aus seinem Bauch heraus lebt, so wirst du dir wohl kein Wunschbuch anlegen. Bist du mehr der Kopftyp, so ist aufschreiben schon eher dein Fall. Oder bist du der typische Mischtyp! So wirst du es machen, weil es vernünftig ist, aber voll dahinterstehen wirst du zumindest am Anfang nicht. Oder mit viel Elan darangehen, und dann wird es sich immer mehr auslaufen. Das ist die andere Seite.

Wie auch immer, ich möchte dir die Anregung geben, dir ein eigenes Heft oder ein kleines Buch zu nehmen und dir deinen Wunsch, den du erfüllt haben möchtest einfach hinein schreibst.

Lass dir Platz bis zum nächsten Wunsch, denn du solltest hier das Datum eintragen, an dem sich dein Wunsch erfüllt hat. Schreibe noch Besonderheiten auf, die du festgestellt hast, als du merktest, dass es jetzt in Erfüllung gegangen ist:
Passierte mehr so nebenbei
Ich spürte genau, dass es jetzt soweit ist
Ich merkte oder hatte eine Vorahnung, bevor es sich erfüllte

Oder was du als Besonderheit festgestellt hast.
Viel Spaß wünsche ich dir dabei!

Optimismus

Das Wort stammt vom lateinischen Optimum, was soviel heißt wie 'das Beste'. Nun, willst du auch für dich das Beste?

Was aber ist für dich wirklich das Beste? Jeder will der Beste und Erfolgreichste sein. Das ist wohl ganz normal, wenn du einmal andere fragst, aber wie viele sind es dann auch wirklich? Zwischen, den Wunsch dazu haben und sich wirklich dafür voll und ganz einzusetzen, steht nichts weiter als die Realität. Wenn du dir einfach nur vorstellst der Beste zu sein, wirst du ein neues Energiemuster in dir erschaffen. Jetzt kommt es darauf an, dieses Energiemuster auch immer mehr energetisch aufzuladen, indem du etwas dafür tust. Wenn du es geschafft hast und dein Ziel erreicht hast, wirst du feststellen, dass es in der Rückschau egal ist, ob du nun tatsächlich den ersten oder vielleicht den sechsten Platz in deinem Metier erreicht hast. Das Ziel selbst, der Beste zu werden, führt trotz aller Rückschläge sehr weit. Der Beste ist nicht unbedingt immer die Nummer 1, sondern der es versteht soweit und so gut zu sein wie er/sie es kann und dabei versteht zu leben, Spaß zu haben und sich an den vielen schönen Dingen um uns herum zu freuen. Nicht immer bekommt der den höchsten Posten, der die besten Zeugnisse usw. hat, sondern derjenige, der einfach menschlich ist und gelernt hat andere zu motivieren, den besten Überblick hat und Zusammenhänge richtig einschätzen und zielgerichtet das durchsetzen kann, was er will. Vielleicht kann man sagen, der Optimist lässt sich nicht aus der Ruhe bringen. Selbst wenn im Moment nicht der gewünschte Erfolg eingetreten ist, so hat die kleine Niederlage den Sinn, etwas daraus zu lernen. Der Optimist hat immer Pläne und Ziele für die Zukunft. Deshalb kann er auch gelassen sein, auch wenn in der Gegenwart einmal etwas nicht so glatt läuft wie es sein sollte. Er bewährt sich in Krisen, das ist viel wichtiger.

Wenn wie etwas erreichen wollen, müssen wir ganz einfach mit dem Hier und Jetzt anfangen. Große Ziele sich vorzustellen und sie zu erreichen ist zwar schön, kann aber auch eine Flucht sein. Deshalb ist es viel wichtiger, mit den vielen kleinen Dingen anzufangen, die in deinem Leben nicht stimmen. Wenn du im Buch bisher für dich selber mitgearbeitet hast, bist du dir mit Sicherheit wieder viel durchsichtiger und transparenter geworden. Es ist nicht wichtig, dass andere dich durchschauen können. Wichtig ist, dass du dich selber immer mehr erkennst und verstehst warum und wie du agierst und reagierst. Nur dann kannst du dein Leben immer mehr selber in die Hand nehmen und es leichter und schöner genießen. Du bestimmst dein Leben

und wirst nicht mehr bestimmt.
Wenn du etwas ändern möchtest, dann sein einfach ehrlich zu dir. Hast du Heißhunger auf Schokolade, dann frage dich einfach, ob es wirklich richtig ist, sie jetzt zu essen. Mach kein Drama daraus, wenn es einfach ja heißt, nimm ein Rippchen und lasse es im Mund so köstlich wie möglich zergehen und genieße es voll und ganz. Vielleicht warst du es bisher gewohnt, große Stücke aus der Tafel herauszubeißen, oder hast dich bisher nur wohlgefühlt, wenn die Tafel weg war? Wenn du nach dem ersten Stück Schokolade immer noch Lust hast, nimm dir halt noch ein Stück und genieße es aus vollem Herzen. So gut du es nur kannst! Irgendwann wirst du ganz von alleine genug haben, und du wirst sehen, dass es dir eigentlich um den Genuss und darum ging, dass du dich selber angenommen hast. Dich einfach lieb hast und dich magst. Wenn du dich nicht selber liebst, wer soll es dann tun. Die Anderen, vergiss es. Nur wenn du dich selbst liebst bist du voll und ganz.

Schreibe abends auf, oder gehe vor dem Einschlafen einfach noch einmal für dich durch:

Was ist mir heute gelungen, was habe ich heute ganz besonders gut gemacht? Was habe ich falsch gemacht, was hat mir heute besonders Spaß gemacht? Wofür kann ich mich heute besonders lo-

ben?
Wenn wir immer nur auf ein Wunder warten, vergessen wir den Alltag. Ich finde jedes Aufwachen ist schon ein Wunder, und dann dürfen wir uns wieder einen ganzen Tag mit diesem Körper in dieser Welt bewegen und den Tag neu gestalten.

Bloß, weil es vielleicht eine Routine gibt und ein paar Sachen, die uns nicht gefallen sollen wir uns die Freude nehmen lassen? Ich persönlich sehe das überhaupt nicht ein. Wofür habe ich den die Möglichkeit erhalten jetzt und hier leben zu dürfen und meine Lebensaufgabe immer mehr zu verstehen. Manches kann ich sofort ändern, manchen dauert eben etwas länger, was soll's?!

Wie beantwortest du die 4 Fragen:

Ich sehe stets die guten Seiten der Dinge

Ich kann ziemlich viel von dem, was passiert, selbst bestimmen.

Wie komme ich mit Stresssituationen klar?

Bist du prinzipientreu oder übergehst du deine Prinzipien und handelst unbeschwert?

Viele Menschen sind Perfektionisten, wenn es um selbstauferlegte Zwänge geht, und stressen sich damit. Vielleicht trägst du immer noch als erwachsener Mensch die ganzen Erwartungen deiner Umwelt aus deiner Kinderzeit mit dir unbewusst herum und meinst vielleicht nur, frei und unbekümmert entscheiden zu können. In Wahrheit aber versuchst du immer noch die ganzen Erwartungen an dich zu erfüllen. Auch wenn es im ersten Moment paradox klingen mag, aber du wirst irgendwann einfach Angst vor dem Erfolg haben. Denn Erfolg bedeutet dann, noch mehr Arbeit, noch mehr Druck, noch mehr Fehler machen können, noch weniger anerkannt werden, noch weniger Zeit für mich, Familie, Kinder usw. haben, noch weniger Zeit für mich zu haben. Ein Teufelskreislauf, der aber in seiner ganzen Tragweite nicht richtig verstanden wird. Wir ahnen es zwar, aber wollen es in Wirklichkeit gar nicht sehen, denn es würde unser Bild von uns selber zerstören. Wundern wir uns wirklich, wenn dann so innere Lebens- und Glaubenssätze herauskommen und wir mit aller Macht uns daran festklammern:

Ich muss perfekt sein!

Ich muss stark sein!

Ich muss nett sein!

Wirklich verändern können sich nur diejenigen, die ihre unbewussten Handlungsmuster aufspüren und in Frage stellen. Denn das Verhalten des Erwachsenen entspricht längst nicht immer bewussten Entscheidungen. Es wird von Programmen und Glaubenssätzen gesteuert, die wir in Kindertagen erworben haben - durch Botschaften der Eltern, Geschwister und Lehrer. Diese früheren Muster können dazu führen, dass wir Ziele nicht erreichen, die wir uns vornehmen. Die Psychologie spricht von Antreibern.

Wie kann ich es mir wieder bewusst machen und auflösen?

Nun, manches davon kannst du mit genügend Willen, Zähigkeit und Ausdauer selber erkennen. Wieder durch das Zauberwort:

Ehrlichkeit zu dir selber und beobachte dich!

Manches wirst du vielleicht nur herausbekommen, wenn du zu jemandem gehst, der dich dabei unter-

Arbeit - Freizeit - Geld

In Zusammenarbeit mit Frau Ursula Beck

Wer träumt nicht davon : Erfolg in der Arbeit haben, damit verbunden ein gutes, bis sehr gutes Einkommen und natürlich am besten die Vier-Tage-Woche.

Wer schon einmal in der Werbung oder im Druckbereich/Produktion gearbeitet hat, vor allem, wer als Selbstständiger - und damit als „Einzelkämpfer" - seine Brötchen verdient, für den muss das wie ein angenehmer Traum von einem paradiesischen Zustand anmuten, dem vor allem ein Merkmal anhaftet:

Es hat mit der Realität nichts gemein.

Und auf den ersten Blick scheint man auch überall auf die Bestätigung zu stoßen - wer kennt schon einen, dem es gelang, diese vermeintliche „Quadratur des Kreises“? Der Mensch also als Gefangener seiner Lebensumstände?

„So sieht die Realität aus“, sagen wir oft und scheinen dabei zu vergessen, dass eine sogenannte „Realität“ von uns geschaffen wird.

Wir haben die Welt so geschaffen, wie wir sie heute vorfinden, mit all ihren Vor- und Nachteilen. Und wer behauptet eigentlich, dass es etwas nicht gibt, nur weil man es daselbst bis dato noch nicht gesehen hat. Die großen Pioniere aller Zeiten haben nie auf die Meinung des Volkers gehört, sondern sind ihren, oft als unrealistisch verlachten Idealen gefolgt. Jeder, der auf die Meinung des Mittelmaßes hört, bleibt im Mittelmaß. Nur wer den Mut hat, zu sich selber zu stehen, schafft (neue) Realitäten.

Interessant wäre es auch zu beleuchten, welche Ideale unsere Gesellschaft vorantreiben. Es ist ja wohl eine Binsenweisheit, dass wir in einer Leistungsgesellschaft leben, jedes kleine Kind kann das heutzutage herbeten. Aber was bedeutet das konkret? Ist es nicht so, dass Erfolg nach Einkommen, Besitz und Stellung im Beruf gemessen wird? Je mehr von alledem, als desto erfolgreicher wird man gehandelt? Das Ansehen steigt mit dem Bankkonto. Und, sind wir doch einmal ehrlich, wer kann sich dem schon wirklich entziehen? Wer besitzt die Kraft gegen den Strom zu schwimmen und ein neues Bewusstsein zu schaffen? Denn um nichts anderes geht es hier. Um jedoch ein neues Bewußtsein von Lebensqualität schaffen zu können, braucht es erst einmal ein Bewusstsein vom gegenwärtigen Standpunkt. Wo stehe ich? Was für ein Typ bin ich? Will ich überhaupt weniger Arbeit und mehr Freizeit und, damit verbunden evtl. einen nicht ganz oben angesiedelten Lebensstandard? (Es sei denn, ich habe im Lotto gewonnen, oder reiche Eltern, Partner, usw.)

Denn darüber muss sich jeder im Klaren sein: Erst einmal geht meinem Handeln eine wirklich ehrliche Prüfung meiner Wünsche und Bedürfnisse voraus. Mit ehrlich meine ich wirklich ehrlich, es hat keinen Sinn, sich in die Tasche zu lügen und etwas anderes sein zu wollen, als das, was man wirklich ist. Das heißt ganz konkret:

Bin ich ein Kämpfer- und Erfolgstyp, der am liebsten 18 Stunden am Tag für seinen Erfolg arbeitet und das größte Vergnügen darin findet?

Dann nichts wie los und die Kariere entsprechend aufbauen. Für solche Persönlichkeiten kann „Freizeit" zum Stress werden, denn sie wollen 100% Power. Solche Menschen sind auch meistens erfolgreich, weil sie an der richtigen Stelle sind.

Das Dumme ist nur, dass heutzutage eine Art kollektiver Wahn vorzuherrschen scheint, der die Menschen dazu treibt, sich permanent mit solchen Persönlichkeiten zu vergleichen, auch wenn die meisten nun wirklich nicht so gepolt sind.

Leistung ist alles, und so werden diejenigen belohnt, die sich im Namen des Profites aufopfern. Unsere Zivilisationskrankheiten dokumentieren dieses Problem nur allzu deutlich.

Womit ich bei den Ansprüchen bin: Wir haben nicht nur eine Leistungs-, sondern auch eine Konsumgesellschaft. Auch bekannt, na und? Das viele Geld, das wir verdienen, wollen wir selbstverständlich auch wieder ausgeben, am besten so, dass jeder auch sieht, welchen gesellschaftlichen Stand wir innehaben. Menschen verschulden sich darüber hoffnungslos und geraten oftmals in eine Spirale von Arbeit, Konsum und ständig wachsenden Ansprüche um die innere Leere auszufüllen, die ausweglos erscheint. Sie fühlen sich demgemäß als „Opfer der Umstände" und sie zählen all die sogenannten „Sachzwänge“ auf (das Wort bringt es sehr schön auf den Punkt: Sachen zwingen, sie machen nämlich unfrei - Besitz als Last), denen sie genügen müssen. All diese Leute scheinen vollkommen vergessen zu haben, dass ihre eigenen Wünsche nach Prestige und Macht und Geld sie in die Lage gebracht haben in der sie sich jetzt befinden.

Wenn dann noch Krankheiten, Scheidungen oder Unfälle hinzukommen, so ist eben das „Schicksal“ daran schuld, also etwas, worin man sich zu fügen hat. An dem man jedoch keinen direkten Anteil an Mitverantwortung trägt.

Das jedoch ist ein Irrtum, der sich hartnäckig seit dem Mittelalter bei uns gehalten hat, seit die Kirche erfolgreich versuchte, den Widerstand der vorwiegend heidnischen Bevölkerung durch Abhängigkeit die Obrigkeitshörigkeit mit Gewalt zu brechen. Sie raubten ihnen damals einfach ihr Selbstbewusstsein, indem sie ihre Weisen eliminierten, solche nämlich, die zuviel davon (nämlich Bewusstsein) besaßen, in den Augen der Kirche.

Der Schlüssel zu Gefangenschaft oder Freiheit, heißt demnach Selbst - Bewusstsein.

Wer in dieser hektischen und lauten Welt, die keine Ruhepausen mehr kennt, wo sogar die Freizeit am liebsten mit Adventure-Urlauben verlebt wird (Zitat dazu aus einer Allradauto Werbung von einer bekannten Automarke - Work hard, play hard), sich ein Maß an Ausgewogenheit kreieren will, der tut gut daran, sein eigenes Selbstbewusstsein zu schaffen und aus der Masse der Schafe auszutreten.

Bewusstsein ist die beste Medizin gegen Fremdbestimmung. Es wird nie ein Gesetz geben, das den Menschen davor bewahren wird, sich selbst umzubringen.

Immer wird es Institutionen geben, die davon profitieren, den Menschen in Abhängigkeit und Unbewusstheit zu halten und die erfolgsorientierte Werbung, die schon seit jeher den Leuten all das verkaufen will, was sie in Wahrheit gar nicht brauchen, ist nur das Aushängeschild.

An was denken wir, wenn wir von jemandem sagen, er sei „erfolgreich"? Na klar, wir stellen uns einen Typen hinter einem dicken Mahagonischreibtisch vor, neben ihm eine hübsche Sekretärin, vor der Firma geparkt der Porsche und eine Villa mit attraktiver Ehefrau nebst zwei entzückenden Gören mit eigenen Reitpferden. Oder so ähnlich. Und wir wissen: Dieser Glückliche sieht seine Familie vielleicht mal an Weihnachten und hat ein Verhältnis mit der Sekretärin, die ihn besser kennt, als seine „ureigene“ Ehefrau. Unsere Gefühle schwanken zwischen Bewunderung - also Neid- und Ablehnung. Nein, so wie der, also sooo erfolgreich wollen wir nicht sein.

Oder doch? Wie, wenn ich mir meine eigenen Erfolgskriterien kreiere? Das heißt als erstes, Abschied von dem alten Bild des „Supermannes“. Meine Definition von Erfolg ist vielleicht eine ganz andere, nämlich eine, die mir selbst entspricht, egal, was die Allgemeinheit denkt.

Und der Weg dahin?

1. Ich mache mir klar, welchen Lebensstandard ich wirklich anstrebe (Wohnung/Haus, Konsumartikel, Auto). Davon hängt nämlich entscheidend ab, wieviel Geld ich in Zukunft verdienen will.

2. Welche Ziele gibt es im Leben noch zu verwirklichen?

3. Wie sehen meine Beziehungen aus, bin ich zufrieden, oder müsste ich etwas ändern?

4. Wo kann ich den Konsum von Genuss- oder Suchtmitteln einschränken, die meine Gesundheit beeinträchtigen, oder, wenn nicht, was hindert mich daran?

5. Gönne ich mir in meiner Freizeit ausreichend Ruhe und Zeit für mich selber und für meinen Partner, Kinder?

6. Nehme ich mir die Zeit für körperliche und geistige Regeneration, nehme ich mir täglich Zeit für eine kleine Reflexion, vielleicht im Stau, gerade, wenn es langweilig zu werden beginnt, oder abends vor dem Einschlafen?

7. Habe ich ausreichend Bewegung als Ausgleich für das viele Sitzen im Auto und im Job?

8. Kann ich mich in Geduld üben, wenn der Erfolg nicht so schnell kommt und verliere dabei trotz dem nicht meine Ziele aus den Augen?

Es ist eine Illusion zu glauben, dass alles schon von selber kommt. Wer seinen persönlichen Erfolg leben will braucht oftmals Geduld, Festigkeit und Kraft, egal, wie er seinen Erfolg definiert.

Und eines ist so klar, wie das Amen in der Kirche: Es wird immer Stolpersteine auf dem Weg geben, z.B. die Versuchung, doch diesen Kredit aufzunehmen um das geilere Auto, das größere Haus zu kaufen. Der Chef, der wieder einmal ein Gesicht zieht, weil ich pünktlich um fünf die Maus fallen lasse oder den Auftrag, den ich doch noch zusätzlich annehmen könnte, weil ich sonst den Kunden verliere oder das Geld will oder was auch immer. Oder, auch gefährlich, eine Menge guter Freund, sowie Verwandte, die durch ihren Unglauben, oder gar Glauben an die sogenannte -Realität- mir nix, dir nix meinc Ziele unterminieren und mich zweifeln lassen.Da zeigt es sich nämlich wirklich, wie sehr ich selbst daran glaube, einen guten Job, eine Menge Freizeit und auch noch Geld für die schöne Urlaubsreise haben zu können. Der Zweifel ist mein ärgster Feind und er wohnt in mir. Darum ist es wirklich schwere Arbeit, die eigenen Zweifel an sich selbst und seinen Zielen auszuräumen und das Gefühl damit zu einer uneinnehmbaren Festung gegen Angriffe von außen und von innen zu machen. Derjenige wird nur halben Erfolg haben (oder sich ganz sabotieren), der nur halb an sich glaubt, der aber wird alles erreichen, der stark bleibt gegen alle Angriffe.Last but not least: Es gibt keine Erfolgsgarantie! Doch kann man vielleicht sagen, dass Erfolg dem folgt, der seinen individuellen Weg geht. Da wird auch deutlich, wie wichtig es ist, wie eingangs erwähnt, sich nicht mit anderen und deren Leben und vermeintlichen Erfolg zu vergleichen. Auch hier gilt: Was für andere gut ist, muss nicht für mich stimmen.Das Salz in meinem Lebens- und Erfolgsmenü ist absolute Ehrlichkeit mir gegenüber. Das hört sich so einfach an, und doch scheint es viel bequemer, sich selbst zu belügen und sich ein unrealistisches Bild von sich selbst zu machen. Wer will seine Fehler und Schwächen schon gerne wirklich sehen? Wie viele von uns befinden sich in Illusionen verstrickt, die tollsten Hechte zu sein und schieben es dann immer auf die anderen, wenn sie wieder einmal eine Schlappe erlitten haben? Je mehr ich selbst von mir weiß und je mehr Akzeptanz ich auch meinen unbequemen Seiten gegenüber hege, desto realistischer kann ich auch meine Ziele setzen und verpulvere nicht wertvolle Energie in Dinge, die es nicht wert sind. Auf dem Weg zum persönlichen Erfolg gibt es natürlich auch Regeln. Die eine oder andere ist es bestimmt wert, ins persönliche Repertoire übernommen zu werden. Viel Spaß im Berufsleben wünscht euch Ursula Beck.

Die 26 goldenen Regeln des Erfolgs:

1. Regel: Sei dir selbst immer treu, aber halte dich stets flexibel. In der heutigen Zeit gilt mehr denn je: Das einzige Beständige ist der Wandel.

2. Regel: Nicht zuviel Vertrauen in Freunde setzen. In der Zusammenarbeit können sie schnell gefährlich werden, beim Geld scheiden sich oftmals die Geister.

3. Regel: Nicht zu früh mit Plänen herausrücken. Das vergeudet Energie und andere könnten die Idee als ihre eigene propagieren.

4. Regel: Nicht zuviel reden! Du wirst meist nach den Fakten beurteilt und nicht nach den Worten.

5. Regel: Bewege dich im Positiven, sowohl in Gedanken, als auch bei den Menschen, mit denen du dich umgibst. Meide notorische Schwarzseher, sie ziehen dich runter auf ihre Ebene.

6. Regel: Delegiere geschickt, aber behalte immer die Fäden in der Hand.

7. Regel: Sei immer ehrlich und großzügig, wo du es dir leisten kannst. Gib kleine Fehler zu, das lässt dich menschlich erscheinen, macht dich sympathisch und vertuscht echte Schwächen, die andere ausnützen könnten.

8. Regel: Habe immer ein offenes Ohr für die Probleme der anderen, aber gib dich selbst nicht preis.

9. Regel: Wenn du kämpfen musst, dann mit aller Konsequenz. Auf dem halben Wege aufzuhören spielt dem Gegner alle Macht in die Hände.

10. Regel: Halte dich stets heraus aus den Intrigenspielchen der anderen. Spiele deine eigenen Spiele, wenn du unbedingt musst aber dann mit deinen Bedingungen. Lass dich nicht benutzen.

11. Regel: Zeige deine wahre Intelligenz niemals Menschen, die sich dir eh unterlegen fühlen. Sei klug und mache sie dir zu Verbündeten, indem du ihr Selbstwertgefühl bestärkst.

12. Regel: Wenn du merkst, dass dir wirklich jemand überlegen ist, so kämpfe nicht. Ergib dich ihm scheinbar, ohne dabei dein Gesicht zu verlie-

ren.

13. Regel: Konzentriere dich immer nur auf eine Aufgabe, das bündelt deine Kräfte und potenziert sie.

14. Regel: Weiche Aufgaben, die anstehen nicht aus. Mutig ist der, der seine Angst besiegt.

15. Regel: Zeige nie, dass du anders denkst, fühlst, als deine Kollegen. Private Einstellungen gehen im Arbeitsleben niemanden etwas an.

16. Regel: Plane sorgfältig und versuche alle Eventualitäten mit einzubeziehen. Je genauer du planst, desto weniger Arbeit hast du hinterher.

17. Regel: Verkaufe dich nicht unter Wert, lerne an dich zu glauben, und das einzufordern, was dir zusteht.

18. Regel: Wisse, dass jede Art von Erfolg, harte Arbeit bedeutet, lasse aber alles ganz leicht und spielerisch aussehen.

19. Regel: Wenn du mit Respekt behandelt werden willst, dann gib dich wie einer, dem Respekt gebührt. Glaube an dich als ein König, so wirst du auch wie einer behandelt werden. Glaubst du aber

an dich als Bettler, so wird man dich als solchen ansehen.

20. Regel: Gehe in kleinen Schritten voran und vergiss nicht, dass alle Dinge ihre Zeit brauchen.

21. Regel: Sei zurückhaltend bei allen Dingen, die es „umsonst“ gibt. Niemand arbeitet ohne Bezahlung. Willst du etwas von Wert haben, so hat es seinen Preis.

22. Regel: Auch wenn du noch so revolutionäre Ideen mit dir herumträgst, bedenke, dass Menschen sich erst einmal gegen alles Neue wehren. Habe Geduld, deine Zeit wird kommen.

23. Regel: Halte an deinen Visionen fest und nähre sie täglich durch deine Gedanken und Taten. Umso eher werden sie sich verwirklichen.

24. Regel: Vergiss es perfekt sein zu wollen. Es wird dir nie gelingen. Erledige alles so gut wie du kannst und akzeptiere auch Fehler bei dir. Gönne dir Ruhepausen zum richtigen Zeitpunkt, das gibt neue Energie.

25. Regel: Arbeite mit Herz und Verstand. Die Stimme des Herzens ist noch allemal der einzige relevante Anhaltspunkt, den wir im Leben haben,

also unterbewerte sie nicht. Bedenke, dass das Herz keine Logik kennt, dafür hast du deinen Kopf. Lerne auf deine innere Stimme zu hören, sie besitzt viel Weisheit.

26. Regel: Gib dein Bestes, wenn du jedoch feststellst, dass du partout keinen Erfolg hast, so wechsele die Firma, den Job. Es bringt nichts, dort zu kämpfen, wo keine Aussichten auf Erfolg bestehen.

Wunschhygiene

Genauso wir uns duschen gehen, wenn unser Körper an der Hautoberfläche zu sehr verschmutzt ist, genauso sollten wir uns hin und wieder alter, unbrauchbarer oder nicht mehr zeitgemäßer Wünsche entledigen. Nach einer Dusche werden wir uns in der Regel wieder viel leichter und wohler fühlen. Nach einer „Wunschdusche“ werden wir im wahrsten Sinne des Wortes uns ebenfalls wieder freier fühlen.

Wenn du anfängst dich einmal zu beobachten, so wirst du feststellen, dass wir ständig irgendwelche Ideen, Wünsche, Übereinstimmungen, Ablehnungen oder Gefühle für alles mögliche haben.

Wir haben zwar gelernt und glauben auch daran, dass das einfach so passiert und keine Auswirkung haben soll oder das uns so etwas nicht beeinflusst, aber die Realität sieht ganz anders aus. Wir speichern dieses ganze als positive oder negative Energie oder Kurzzeitempfindungen in uns ab. So, als wenn wir auf der einen Seite alle positiven und auf der anderen Seite des Körpers alle negativen Energien des ganzen Tages sammeln.

Es ist nicht vergessen oder hat sich von alleine wieder aufgelöst, sondern ist sehr wohl in uns abgespeichert. In einem unserer Energiekörper die um uns herum vorhanden sind. Du hast ja bereits darüber gelesen. Kannst du dich noch an sie erinnern?

Wie jetzt in neusten wissenschaftlichen Untersuchungen immer mehr bekannt wird, hat unser Gehirn sehr viele verschiedene Aufgaben. Jede Region hat ganz bestimmte Aufgaben und wenn sie ausfallen, können sie bis zu einem gewissen Maße von anderen mit übernommen werden. Die einzelnen Schaltbereiche sind zum Teil winzig klein, aber es liegt einfach ein ganz bestimmter Schaltplan in diesem für uns noch unüberschaubarem Muster vor. Es gibt nichts am oder im Körper, was keinen Sinn hat und etwas herausschneiden, bedeutet in der

Regel noch lange nicht den Menschen wirklich auf lange Sicht geheilt zu haben. Oftmals müssten Lebensumstände oder Lebensweisen mit geändert werden, die Ursache für diese Krankheit herausgefunden werden. Dann damit arbeiten und Muster im Denken, Gefühlen und Handlungen neu zu programmieren und es auszuführen. Also, auf eine neue Lebensweise sich um- und einzustellen.

Alle diese tagsüber gespeicherten Energien, Empfindungen, verarbeiteten oder nicht verarbeiteten Gefühle werden wir nämlich in unserem Schlaf versuchen wieder zu verarbeiten und die Energien wieder zu neutralisieren zu versuchen in unseren Träumen.
Okay, nehmen wir einmal an, du hast jetzt einen Geistesblitz und beschließt von jetzt ab nur noch positiv zu reden, zu denken und zu leben. Toll kann ich nur sagen!

Also wirst du mit viel Elan darangehen, dies ab jetzt zu machen. Du fängst an, dir eine ganz bestimmte Energie in dir und deinem ganzen Wesen anzusammeln oder aufzubauen.

Sagen wir einmal, es ist eine positive Energie.

Doch wieviel negative Energie steht ihr gegenüber?

Wie alt bist du jetzt? Solange du zumindest in diesem Körper lebst hast du in dir viele, viele Lernprogramme abgespeichert und versucht bis jetzt so gut es geht zu leben und von Anfang an, auch zu überleben. Jede Sekunde, jede Minute, Stunde, Tag, Wochen, Monate und Jahre kam mehr zusammen.

Du kannst nur in einem der drei leben:

Negative Energie angesammelt
Positive Energie angesammelt
Neutral geblieben - Ausgleich -

Dies wird sich jeden Tag wieder neu wiederholen und du wirst wieder neue Energie hinzufügen. Doch so langsam aber sicher wirst du im Laufe deines Lebens entweder einen negativen oder einen positiven Energieüberschuss ansammeln. Ein Mensch mit positiver oder negativer Lebenseinstellung sagen wir in der Regel.

Na ja, dann ist ja eh alles umsonst und vergeblich kannst du jetzt sagen. Also kann ich ja einfach machen was ich will, es nützt ja doch nichts. Das wäre dann resignieren und aufgeben und dann hat dich die negative Energie oder Lebenseinstellung endlich so richtig besiegt.

In Wirklichkeit sieht es so aus, dass wir ständig mit

dieser Energie konfrontiert werden und unser Inneres immer wieder versuchen wird uns zu neutralisieren, in der Mitte zu halten. Oder wie wir so schön sagen:

Ich bin in meiner Mitte!
Ich bin ausgeglichen

Ich bin nicht in meiner Mitte
Ich fühle mich unausgeglichen

Du kannst es an der Körperhaltung sehen und an der Ausstrahlung eines Menschen spüren wie er „drauf" ist. Es gibt so viele Zeichen dafür, die meisten nehmen wir unbewusst auf oder wahr.

Wie viele Wünsche hast du so jeden Tag? Mehr als 10? Mehr als 50? Mehr als 100?

Nun, es geht nicht nur um die Hauptwünsche, die du dir jeden Tag herauskristallisierst. Es geht hier auch um die vielen kleinen Impulse, die sich täglich ansammeln.
Wenn wir schlafen, so passiert während dieser Zeit sehr viel mit uns. Wir sind keineswegs tot oder reglos. Ganz im Gegenteil. Unser Bewusstsein schaltet von „nach außen gehen und wahrnehmen" um. Wir bekommen die lebensstörenden oder belastenden Impulse von außen sehr wohl mit. Wir

registrieren sie, aber der Körper ist jetzt auf Entgiften eingestellt. Den Körper entschlacken und wieder neu mit Energie auftanken und ausgleichen. Die tagsüber aufgenommen und abgelegten Gedanken, Impulse und Empfindungen, Wünsche, Ablehnungen usw. richtig einzuordnen und so wieder zu verarbeiten, dass der gesamte Mensch wieder neu ausgeglichen ist beim Aufwachen.

Wir nennen es einfach schlafen und träumen. Im Traum werden alle Impulse, die eingeordnet werden können und in einen Traum mit hineingenommen werden können, dann verarbeitet. Es können leichte, lockere und schöne Träume sein. Es können aber auch Träume sein, in denen es wild hergeht bis hin zu Alpträume die nicht mehr beherrschbar erscheinen und uns mit der Gewalt konfrontieren, die wir aufgenommen haben.

Deshalb gibt es schon zu allen Zeiten Menschen die sich darin geübt und ausgebildet haben, bewusst zu träumen. Das kann bei einem Schamanen der Traum sein, in der er eine weite Reise ganz gezielt macht um einen verlorenen Teil der Seele wieder zu finden. Die Seele, die etwas erlebt hat, was ihr soviel Angst gemacht hat, dass sie geflohen ist und nun nicht mehr zurück kann. Das kann der Traum sein, in dem du verfolgt wirst usw. Es kann aber auch der Traum sein, in dem du lernst Schritt für

Schritt den Übergang von unserem Wachsein in die Traumebene bewusst mitzuerleben und sich dort ebenfalls Schritt für Schritt zu leben. Dann gibt es keine Tagesrealität und ein unbewusstes Traumleben mehr, das dich mehr oder weniger steuert, sondern du lernst immer mehr auch in dieser Zeit und in dieser Ebene bewusst wie am Tage zu leben. Dann wirst du nicht „gelebt" werden, du kannst es selber steuern. Dann wieder bewusst in den Übergang von dieser Zeit und Raum des Schlafens in den Tagesablauf hinüber zu wechseln und hier bewusst weiter zu leben.

Der Knackpunkt daran ist allerdings, dass unser Verstand versucht es nachzuvollziehen und wenn es nicht geht, sich seine eigene Traum- und Scheinwelt aufzubauen, die mit der „Wirklichkeit" nichts zu tun hat.
Ich kann es aus eigener Erfahrung sagen, denn ich habe all das was ich hier beschrieben habe, am eigenen Körper erlebt und kenne den Unterschied zwischen bewusstem Träumen und Leben und dem Versuch es mir vorzustellen, wie es sein könnte. Unterschiedlicher kann es nicht sein.

Also ist eine bewusste Seite der Wunschhygiene einfach zu lernen bewusst zu träumen. Dazu brauchst du allerdings am besten eine gute Anleitung und evtl. Jemand, der dich unterstützt und dir auf dem Weg hilft. Möchtest du wirklich einen solchen Weg gehen? Wenn du dir nicht hundert Prozent sicher bist, lass es lieber!

Andere Möglichkeiten sind:

Herauszufinden, was ich für alte Wünsche, Träume und Impulse in mir habe.

Tagesrückschau:

Mich ehrlich zu beobachten und negative oder alte Impulse aufzulösen

Energie herauszunehmen und es so auflösen

Mit Liebe einhüllen

In die Sonne schicken

In eine Kerze lenken

Durch das Feuer schicken

Dies alles sind Methoden und Möglichkeiten, die Menschen schon seit Anbeginn kennen, und die sich bis heute in vielen Kulturen erhalten haben. Dort von den wissenden Frauen und Männern auch heute noch gelebt und teilweise an andere weitergegeben werden. Ich werde dir in diesem Buch diese Methoden weitergeben, kenne noch viele mehr.

Bitte denke daran, auch wenn du diesem Ganzen skeptisch bis ablehnend gegenüber stehst, du selber entscheidest was und wie du dein Leben lebst und lenkst. Entweder lasse es ganz oder lasse dich einfach auf ein Experiment ein, denn lernen musst du es, wenn du damit anfängst. Und lernen bedeutet Zeit und Energie einsetzen, Fehler machen und du kannst viel daraus lernen.

1. Mich ehrlich beobachten und negative oder alte Impulse auflösen

Ehrlich sein, ist doch für mich kein Problem!

Nun dann lese dir doch mal Nachstehendes durch um herauszufinden, wie verzwickt es manchmal sein kann. Wenn du es gelernt hast, zu dir ehrlich zu sein, so wirst du es schnell und sicher wissen. Aber auch hier ist jedesmal wieder die Möglichkeit zum Schwindeln. Die Kunst ist doch es anzunehmen und ja dazu zu sagen.

Also, unser Beispiel:

Was hast du für einen Wunsch?

Nach langem Überlegen kommt heraus:
Ich will mit 10 Frauen auf einmal zusammensein, lieben und mich verwöhnen lassen!

Toll, herzlichen Glückwunsch! Aber mal ganz ehrlich, willst du das w i r k l i c h?

Naja, das ist halt so ein Traum von mir und ich habe es einmal gesehen. Hat mich schon fasziniert. Würde es einerseits gerne erleben, aber wenn ich ehrlich bin, habe ich auch Angst davor.

Wenn du jetzt ehrlich bist, was würdest du wirklich gerne haben?

Also, eine Frau die ich wirklich gerne mag. Die schön ist, bei der ich mich wohlfühle, und bei der es einfach schön ist, die Zeit miteinander zu verbringen.

Also, was wünschst du dir jetzt wirklich?

Den Mut zu haben und zu sagen, dass ich genau von ihr eine Stunde lang massiert werden möchte, mit gut duftendem, warmen Öl am ganzen Körper.

Nicht den tollen Mann spielen muss, sondern einfach anfangen kann mich hinzulegen. Dazu soll es ein schönes Zimmer sein, Kerzen, es ist angenehm warm im Zimmer und eine angenehme, und entspannende Musik spielt im Hintergrund. Wir sind in der nächsten Zeit ungestört. Ich kann mir vorstellen, z.B. mit Straußenfedern gestreichelt zu werden oder mit weichen Fellen. Ich möchte am ganzen Körper von ihr massiert werden und mich entspannen dabei, es genießen.

Anschließend möchte ich ihr anbieten, sie zu verwöhnen. Sie bekommt die gleiche Zeit und darf sagen, was und wie sie es möchte.

Mal sehen was sich dann nach dieser Zeit für uns beide ergibt und was für uns dann wirklich stimmt. Wozu wir dann auch innerlich ja sagen können. Was dann wirklich stimmt, können wir im Voraus nicht sagen.

Das ist doch schon etwas ganz anderes als am Anfang mit 10 Frauen zusammen zu sein!

Wer oder was hindert dich daran es umzusetzen?

Ich lebe im Moment alleine und kenne keine Frau die ich darauf ansprechen könnte. Oder bei der ich glaube, dass sie es sich auch vorstellen kann und dazu bereit wäre.

Was für eine Möglichkeit hast du, dir diesen Wunsch jetzt umzusetzen?
Wie kannst du es kurz- wie langfristig arrangieren?
Kurzfristig könnte ich in eine Massagepraxis gehen und mich dort zumindest massieren lassen. Oder in einem Schwimmbad, Sauna usw. Denn ich wünsche mir ja Berührungen.
Langfristig kann ich mir eine Frau suchen oder Frauen, eine Gruppe von Männern und Frauen suchen, die dieselben Interessen haben.

Wo und wie kannst du sie finden?

Nun, ich muss mir Gedanken machen, wo ich solche Menschen finde. Meine Erfahrung wenn ich FKK mache, ist die, dass ich Menschen begegne, die frei sind. Es macht mir Spaß am See, Strand usw. mich nackt zu bewegen. Das ist schon ein schönes Gefühl. Vielleicht habe ich bisher etwas von Frauen zu sehr gewollt oder mich nicht richtig getraut, die richtige anzusprechen, wenn ich bisher so etwas wollte. Vielleicht habe ich auch einfach eine zu große Erwartung an eine Frau gestellt. Aber es ist auch so, dass ich es mir irgendwann überhaupt nicht mehr richtig vorstellen konnte und so nach einigen negativen Erfahrungen einfach nicht mehr den Mut dazu hatte. Ich habe keine klare

Vorstellung mehr gehabt, dass es klappt. Kein Wunder also, wenn ich nicht das bekam was ich wirklich wollte, sondern das, was ich ausstrahlte.

Was fällt dir noch dazu ein?

Ich bin ein ganz normaler Mann und habe mich jetzt lange beobachtet. Habe auch Seminare gemacht, um mich richtig kennenzulernen. Dabei habe ich meine Stärken und Schwächen erkannt. Auch wenn es nicht immer leicht war und ich mir mein selbstaufgebautes Selbstbild oft angekratzt oder zerstört habe. Ich bin nicht der Typ, der mit seiner äußeren Erscheinung sofort dem tollen Mannsbild entspricht und auf den die Frauen fliegen, wenn ich den Raum betrete. Ich habe es zwar in einem Seminar erkannt und auch mit meiner inneren Einstellung schon ausprobiert den Raum zu betreten und von den Frauen so wahrgenommen zu werden, wie ich wirklich bin und damit aufzufallen. Es klappte und war ein schönes Gefühl. Aber auf Dauer liegt es mir nicht und ist wohl auch zu anstrengend. Es ist nicht meine wirkliche Natur.

Ich bin eher ein ruhiger Typ, nicht unansehnlich, finde mich schön und liebe mich auch so wie ich jetzt bin. Aber ich brauche etwas Zeit um mich einer Frau zu nähern. Das ist meine wirkliche Natur.

Gut!
Wie und wo kannst du dies umsetzen?

Ich kann zu einer Frau gehen, die mir für Geld meine Wünsche erfüllt. Das finde ich völlig in Ordnung. Nur meiner Erfahrung nach, bleibt hier das Herz (aus Selbstschutz der Frau und das ist auch richtig so) außen. Es ist ein Geschäft und so läuft es auch meist ab. Aber die Erfahrung die ich suche, bleibt im Hintergrund.

Ich kann auf ein Seminar gehen, in dem Tantra gelebt wird und treffe dort gleichgesinnte Männer und Frauen. Ich muß nur die richtige Richtung herausfinden, die zu mir paßt.

Ich kann mein Glück versuchen, auf eine Singleparty zu gehen, ins Café oder beim Einkaufen eine Frau anzusprechen. Wenn ich es wirklich will und Glück habe, wird es klappen.

Ich kann mir selber die Umgebung schaffen, die ich möchte und mich selber massieren. Mich verwöhnen, indem ich mir ein schönes Bad mache und die Umgebung dazu schön gestalte. Selbstliebe machen, wenn ich merke das die äußeren Umstände jetzt im Moment nicht so sind wie ich es gerne hätte. Wenn ich es mit Lust, Zeit und Liebe zu mir selber mache, eine sehr gute Möglichkeit.

Du hast jetzt mehrere Möglichkeiten gegeben. Zu welcher tendierst du, was davon willst du jetzt wirklich umsetzen?

Nach langem Überlegen und Nachfühlen.

Nun ich wähle letzteres und mache es mir einfach schön.
Zusätzlich bitte ich das Leben, dass ich eine Frau finde, der ich es geben darf und es von ihr empfangen kann was ich mir wirklich wünsche. Das es irgendwann geschieht und ich mich so programmiere, dass es sich erfüllt!

Danke

....

Dies war jetzt aus der Sicht eines Mannes geschrieben. Natürlich werden sich Frauen auch mit dem einen oder anderen identifizieren können. Vielleicht stimmt sogar vieles mit überein.

Aber grundsätzlich gibt es doch einen ganz bestimmten Unterschied zwischen Männern und Frauen, von der anatomischen Seite einmal abgesehen. Während bei der Frau das erste Chakra Ener-

gie aufnimmt oder rechtsdrehend schwingt, gibt das erste Chakra des Mannes eher Energie ab und schwingt linksdrehend. Dieser kleine aber feine Unterschied hilft uns Männer und Frauen sich besser zu finden. Denn ein Mann kann noch so lange seine ganze Kraft und Stärke zur Schau stellen (erstes Chakra strahlt diese Energie ab), wenn eine Frau nicht bereit ist diese Energie in sich aufzunehmen, werden die beiden auf normalem Wege nicht zusammenkommen. Nur wenn hier eine Bereitschaft vorhanden ist, kann eine weitere, tiefere Verbindung entstehen.
Das erste Chakra steht bei beiden für ungehinderten Lebensenergiefluss.

Denn das zweite Chakra der Frau gibt Energie ab und das zweite Chakra des Mannes ist hier auf Aufnehmen gepolt. Fließt auch hier die Energie richtig, so kann eine weitere Ebene zwischen den beiden geöffnet werden. Da das zweite Chakra für unsere Lust zuständig ist, wird hier alles was mit Sexualität zwischen zwei Menschen sich abspielt, gelenkt und geregelt. Du kannst ohne weiters Sex mit einem anderen haben, aber du kannst dich selber dabei verschließen. Dann ist es eine schöne oder weniger schöne Begegnung, aber nicht mehr. Deshalb haben alle gefühlsmäßigen Verletzungen, Enttäuschungen usw. auch hier einen so großen Einfluss. Die Energie wird hier blockiert und ist nur

durch bewusstes Auflösen wieder ins Fließen zu bringen. Sei es durch Handauflegen, Wasserarbeit, tantrische Energiemassagen oder wie du es auch wieder richtig hinbekommst, dass die Energie hier nicht blockiert wird. Es hat ja nicht nur einen Einfluss auf deine nächste Begegnung mit dieser Person, sondern auf alle weiteren sexuellen Begegnungen. Sogar ob du dadurch offen oder immer gehemmter auf Männer oder Frauen zugehen kannst.
Warum wohl wünschen sich die meisten von uns wohl „mehr" bei einer sexuellen Begegnung?

Im dritten Chakra ist die Frau von der Energie her wieder aufnehmend und nur, wenn sie freiwillig dies macht, kann Vertrauen und innige Zärtlichkeit zugelassen oder gegeben werden. Aber auch je nach Variante harter Sex, der nur bis zur Mitte aber nicht bis zum Herzen geht. Der Mann gibt hier im Chakra die Energie ab, wenn er dazu bereit ist und sie näher an sich heranlässt.
In jedem der Chakren und ihren eigenen Bereichen kann durch eine Blockade, einem „nicht weiterkönnen oder wollen", Angst oder aus einem inneren „Nein" heraus diese Ebene verschlossen und blokkiert werden.

Im vierten Chakra gibt die Frau wieder die Energie ab, dies ist die Herzebene und du weißt als Frau

selber, dass du nicht jedem Mann dein Herz schenken möchtest oder ihn so nahe an dich heranlassen möchtest. Es kann aber auch nur geschehen, wenn der Mann hierzu die Einwilligung gibt, denn er gibt die Lebensenergie hier ab. Bei einem Nein, ist hier auch Ende der gemeinsamen Reise. Bei einem beiderseitigen Ja kann hier eine sehr innige und intensive Zeit erlebt werden.
Im fünften Chakra nimmt die Frau wieder auf und der Mann gibt die fließende Energie ab. Dies ist die Ebene des Ego, und zwar bei beiden. Was kann und will ich also bei einem anderen Menschen von mir zulassen, nehmen oder wieviel bin ich bereit zu geben?

Im sechsten Chakra ist die Frau wieder diejenige, die die aufgenommene Energie zum Mann hinfließen lässt, wenn sie hierzu die Bereitschaft gibt. Dies ist der Bereich der Wünsche, Visionen und all der tiefen inneren und äußeren Erfahrungen die wir haben können.

In das siebte Chakra, das Kronenchakra können beide nur gemeinsam gehen, wenn sie beide ein Ja dazu geben und wirklich bereit sind, sich auf dieser neuen Ebene miteinander wieder neu zu vereinigen. Von hier aus kann die Schöpfung neu fortgesetzt werden. Mann und Frau können göttliche Erfahrungen erleben und von hier aus in die nächsten

Ebenen gelangen die sie wieder ganz neu verwandeln werden.

Aber all das ist für unseren Verstand nur eine Geschichte, solange du es nicht selber erlebt hast, auch nicht wirklich nachvollziehbar. Aber das ist es, was du als Sehnsucht und Triebmittel in dir hast um irgendwann einmal dorthin zu gelangen. Wann, das bestimmst du als Mensch ganz alleine. Nicht irgendeine andere fremde Macht oder was auch immer.

Ich kann dies nur aus eigener Erfahrung voll und ganz bestätigen.

Je reiner und besser energetisch durchlässig dein Körper und deine Chakren sind, um so intensiver wirst du erleben, was es heißt, dass beim Lieben zweier Menschen, das Grundsätzliche im ersten Chakra geschieht. Wenn ihr hier zusammenkommt, könnt ihr die gemeinsame Reise zum Herzen erleben. Was du hier erlebst, erlebst du mit deinem Spiegel gegenüber, deinem Partner/in. Ihr werdet neu verschmelzen und wenn ihr die Offenheit habt und es zulasst, werden ihr im sechsten Chakra die äußere Verschmelzung einleiten und erleben können. Dies sind 3 wichtige Stellen an und in denen ihr Ja sagen könnt oder Ja sagen müsst. Im ersten, im Herzen und im sechsten Energiezentrum. Nur dann kannst du wirklich göttliche Erfahrungen im und ab dem siebten Chakra erleben.

....

....

..

Vielleicht fragst du dich, warum ich dir jetzt rate eine Pause zu machen und das eben Gelesene einmal in dich einsickern zu lassen, zu verdauen oder in dich hineinzuschauen, ob und was jetzt hierzu in dir anklingt. Ganz einfach, mein Tip, lese es nicht nur, sondern nimm dir auch die Zeit, dich ein wenig zu erforschen.

Oder lies einfach weiter, wenn du es jetzt noch nicht möchtest.

....

....

Ich habe dir am Anfang dieses Kapitel gesagt, dass es manchmal schwierig ist, ehrlich zu sich selber zu sein. Nicht immer ist es so gemeint, dass du es nicht willst. Manchmal ist es einfach so, dass wir nicht gelernt haben ehrlich zu uns und mit uns zu sein. Jedem von uns ist es mehr oder weniger mitgegeben. Meist haben wir aus innerem Antrieb heraus uns damit beschäftigt. Klar in unserer Erziehung wurde uns beigebracht, nicht zu lügen oder zu stehlen usw., aber den tieferen Sinn hat man uns meist aus eigener Unkenntnis heraus nicht erzählt. Alles was ich denke, fühle und tu kommt irgendwann wieder so auf mich zurück. Wäre das ein besserer oder intensiverer Grund für dich, dich mit dir selber intensiver zu beschäftigen?

Wenn es dieser auch nicht ist, was könnte dich dann dazu veranlassen, dich intensiver damit zu beschäftigen? Eine Krankheit vielleicht, oder ....?

Alle unseren ganzen Lebenserfahrungen haben einen roten Faden, der sich durch unser ganzes Leben hindurchzieht, und alle weiteren Erfahrungen sind darum herum aufgefädelt. Nur ist dieser rote Faden meist nicht immer gradlinig vor uns aufgespannt. Er ist oft sehr verwurschtelt und verknotet und deshalb ist es nicht immer so einfach ihn als solchen zu erkennen.

Wenn du anfängst ehrlich zu dir und mit dir zu sein, so kannst du es nach und nach wiedererkennen und auflösen.

Jedes Chakra und jeder Energiekörper um dich herum hat u.a. auch dic Aufgabe, bestimmte Lebenserfahrungen zu speichern und je nach Intensität und in welchem Alter du sie gemacht hast, sind sie

entweder leicht oder stark mit Energie behaftet. Deshalb können sie auch den natürlichen Energiefluss im gesamten Lebensenergiefluss des Menschen so stark blockieren.
Fühlst du bestimmte Widersprüche in oder an dir, so kannst du anfangen sie zu den einzelnen Chakren hinzuzuordenen. Denn jedes wird dir bestimmte Signale senden.

Lege einfach deine Hand dorthin auf deinen Körper, wo du glaubst, dass es richtig ist. Wenn du dich leiten lässt von deiner „inneren Stimme oder Macht", kannst du überhaupt nichts falsch machen. Wenn am Anfang auch noch so viel Widerstand dasein mag, es ist eine wirklich tiefe und einfach Art dich kennenzulernen. Wenn du die Hand dort einfach liegen lässt, kannst du ohne dein bewusstes Zutun, dem Körper und den Energien in dir helfen wieder ins Fließen zu kommen.

Warum legen wir sonst die Hand oder die Hände an uns und an bestimmte oder einfach an zufällig gewählte Körperstellen?!

Du kennst das ja, als Kind darfst du dich überall berühren und später gibt es viele Tabustellen an dir! Fass dich da nicht an oder das macht man nicht. Oder wie uns auch immer gezeigt wird, daß es bestimmte Stellen, meist im Genitalbereich, geben soll, die wir nicht annehmen oder berühren sollen. So als wenn Gott etwas an uns geschaffen hat, was nicht richtig sein soll oder was nicht dort hingehört. Bloß, weil es uns z.B. Lust und Erregung bereitet, wenn wir diese Körperstellen erfahren lernen. Leider prägt sich so etwas schnell ein und als erwachsener Mensch bist du dann nicht einfach mal so frei davon, sondern wirst ebenfalls darunter leiden. Du wirst es bestimmt auf die eine oder andere Art an Kinder wieder weitergeben und so bist du im Teufelskreislauf drin. Du kannst ihn nur durchbrechen, wenn du dir bewusst machst was hier in dir abläuft und du einen Weg findest, dich selber wieder zu erfahren und dir die Erfahrungen machst, die du in diesem Alter oder in dieser Zeit hättest machen sollen. So fehlt dir einfach die Zeit und Erfahrung und du musst sie nachholen, wenn du wirklich innerlich frei und gesund sein willst. Erst dann kannst du dich neu entscheiden und deinen Weg gehen.

Wenn du es nicht schon machst, so beobachte dich einfach nur einmal. Sei einfach ein neutraler Beobachter von dir, welche Gedanken, Gefühle, Impulse dir ständig wieder erscheinen. Du kannst sie vielleicht aufschreiben, wenn du magst und irgendwann wirst du ein Muster darin entdecken.

Beobachte dich beim Reden, was du sagst und wie

du es sagst. Bist du darin ehrlich oder schwindelst du? Wenn ja, beobachte dich einmal, warum du schwindelst. Laut einer Untersuchung lügt jeder Mensch am Tage etwa 180 - 220 mal. Was für eine Konsequenz hat es, wenn du dich dabei beobachtest und es immer mehr abbaust? Was für Ängste kommen hoch? Was für eine immense Energie vergeudest du jeden Tag auf diese Weise und wieviel Energie musst du aufbringen um dich selber in deinem Selbstbild damit zu belügen. In deinen Träumen musst du dies alles wieder zu verarbeiten und so weiter.

2. Energie herausnehmen und es so wieder auflösen

Du kannst dir z.B. ein leeres Blatt Papier nehmen und anfangen alle deine Wünsche, die in dir immer wieder mal hochkommen oder die du schon öfters hattest aufzuschreiben. Das kannst du z.B. jeden Tag für etwa 1 Woche machen. Zum Ausprobieren. Nimm für jeden Tag ein neues Blatt.

Wieviel Wünsche haben wir in unserem Leben schon alle abgegeben, damit sie sich erfüllen mögen und wie wenig hast du bisher darauf geachtet, ob sie sich schon erfüllt haben und sie dann wirklich abgelegt?

Ansonsten können all diese Energiegebilde immer noch in dir sein und nur darauf warten wann sie sich erfüllen können. Deshalb nimm dir einmal die Zeit und schaue die einzelnen Punkte an:

Sind sie jetzt immer noch aktuell, oder sind sie für dich nicht mehr wichtig?

Sind sie inzwischen schon veraltet?

Willst oder kannst du sie nicht loslassen?

Ist es gut für dich, wenn sie sich erfüllen würden?

Du kannst sie ohne weiteres wieder auflösen und ihre Energie herausnehmen. Hierzu gebe ich dir ein paar Möglichkeiten mit:

Stell dir vor, daß du als Mensch ein großes Energiegebilde bist. Deine Energie geht weit um dich herum, um deinen Körper herum. Stelle dir vor, dass an allen Stellen, an denen die Energie ungehindert fließt, sie in einem goldenen oder intensiven weißen Licht fließt. Alle Stellen, an denen die Energie blockiert ist oder angestaut ist, sehen schwarz oder grau aus.

Lasse dort einfach die schwarze Energie herausfließen. Stell dir einen Fluss vor, der bisher gestaut war und jetzt bahnt sich das Wasser einen Weg. Es fließt immer stärker und befreit sich immer mehr von dem Hindernis das fortgeschwemmt wird. Das Wasser des Flusses kann bald wieder frei und klar fließen.

Beobachte später noch einmal diese Stelle und du wirst sehen, dass es sich verändert hat. Das kannst du so oft machen, wie du möchtest. Keine Angst, du kannst nicht wirklich etwas verlieren, was du brauchst. Es kann dir nichts geschehen. Solche oder ähnliche Ängste sind normal und wollten bisher ja verhindern, dass du dich befreist oder gesund machst.

Was du auch immer für dich als richtig empfindest, probiere es aus, du weißt viel besser was wirklich richtig für ist. Oder findest es immer mehr heraus!

3. Mit Liebe einhüllen

Entdeckst du etwas in dir, was du verändern möchtest, so kannst du dir auch vorstellen es einfach mit all deiner Liebe die du hast einzuhüllen. Für manche Menschen ist es einfacher, statt die Energie herausfließen zu lassen, sie bei sich zu behalten und sie einfach mit der vielen Energie, die sie haben zu umhüllen. Je mehr Energie du dorthin lenken kannst, um so mehr kann es sich in dir verändern und sich wieder in den natürlichen Kreislauf in dir eingliedern.

Versuche es einfach einmal und du wirst wissen, ob es gut für dich ist!

4. In die Sonne schicken

Auch hiermit habe ich bei vielen Möglichkeiten bisher große Veränderungen in meiner Arbeit erzielen können oder auch bei mir persönlich gute Erfahrungen gemacht.

Wenn du etwas auflösen möchtest, so schaue es dir genau an und schaue was für eine Farbe hier hauptsächlich vorkommt.

Lasse die Farbe oder das Energiegebilde langsam aus dir herausfließen und sich über dir sammeln. Wenn du alles heraus hast, lasse es sich immer schneller zur Sonne hin bewegen. Du wirst sehen, dass es immer schneller wird und kurze Zeit später dort aufgenommen wird und sich total verwandelt............
Eine ganz alte schamanische Art!

5. In eine Kerze lenken

Kaufe dir extra eine Kerze hierzu oder benutze eine Kerze, die du noch nicht für etwas anderes genommen hast. Zünde sie nur an, wenn du sie hierfür benützt.

In allen Religionen ist dieses Wissen bekannt und ob du mit Voodoo arbeitest oder in der katholischen Kirche eine Kerze anzündest, sie hat eine sammelnde und reinigende Wirkung.

Je intensiver du deinen Wunsch, dein Gebet oder deine alten Gedanken dort hineinfließen lassen kannst, umso intensiver werden sie verwandelt durch das Feuer und können gereingt und gestärkt zu dir zurückfließen. Alles was du reinigen möchtest, kannst du hiermit verwandeln lassen.

6. Durch das Feuer schicken

Entweder kennst du die alten Bräuche oder du hast von ihnen schon gehört. Bei Fastnacht Feuer anzünden, das Feuer bei der Mittsommernacht. Wenn du jemanden total hasst, sein Haus anzünden im negativen Sinne. Um die Macht der Kirche zu bestärken und das Wissen aus dem gemeinen Volk „herauszubrennen", wurden Menschen als Zauberer oder Hexe abgestempelt und entweder im Wasser ersäuft oder auf dem Scheiterhaufen verbrannt.

Feuer ist nun einmal eines der Elemente auf dieser Welt und in dieser Realität, das verwandelt durch Hitze, Feuer, Flamme, Rauch und Asche.

Solange du nicht gelernt hast, dich mit dem Feuergeist zu verbinden, wird dir Feuer schaden können. Später kannst du über Feuer laufen, es in die Hand nehmen oder damit spielen. Alles ist möglich.

Also kannst du auch deine Gedanken, Krankheiten, alte Wünsche usw. einfach in das Feuer fließen lassen, ähnlich wie oben beschrieben in eine Kerze. Es ist energetisch jedoch noch einmal ein großer Unterschied, ob du eine Kerze benützt oder ob du ein richtiges Feuer nehmen kannst.

Du kannst dir z. B. aufschreiben, was du verwandeln möchtest und dich vor ein Feuer stellen und diesen Zettel tatsächlich dem Feuer übergeben. Nicht nur so tun, als ob.

Oder du kannst dir vorstellen wie all das hineinfließt, was du verwandeln möchtest!

Ich habe dies alles oft genug selber oder mit Gruppen von Menschen in den Seminaren gemacht. Ich persönlich kenne die Macht, die hier lebt und habe meinen Respekt bekommen. Ich habe oft genug Verwandlungen erlebt.

Der Feentag

Je mehr du anfängst, dich wirklich zu beobachten, umso mehr wirst du nicht nur verstehen, was ich mit dem Buch weitergeben möchte, sondern du wirst irgendwann dies als einen Teil deines Lebens erkennen.

Ich habe irgendwann für mich verstanden, wie viele Wünsche ich so täglich schon hatte und wie viele ich davon gerne gelebt hätte. Manchmal sauer war, dass es nicht so war, wie ich es mir vorgestellt habe. Nachdem ich mich immer mehr beobachtete, kam es mir so vor, als wenn ich einen riesigen Berg voller unerfüllter Wünsche vor mich herschob, und wenn alles stimmte und passte, konnte sich wieder einmal etwas davon verwirklichen. Manchmal bekam ich es gar nicht richtig mit, denn ich wusste schon überhaupt nicht mehr, dass ich den Wunsch hatte und wunderte mich einfach nur, was so alles passierte.

So habe ich mir irgendwann gesagt, ich muss mir einfach einen Tag in der Woche oder im Monat freinehmen. Aber zwischen mir das vornehmen und es tatsächlich machen, gab es da für mich persönlich noch so einige Widerstände zu erkennen und zu überbrücken: es geht nicht, du kannst dir nicht einfach einen Tag in der Woche freinehmen, wie willst du das machen. Und wann willst du das machen. Mir schien es unmöglich, denn ich hatte mich ja jahrelang so programmiert, dass ich viel Geld verdienen musste um den Umbau des Hauses, die vielen Kosten im Büro und der Firma bewältigen konnte. Damit war ich ständig beschäftigt und beaufsichtigte auch noch dem Hausumbau seit Jahren. Der Montag war der Tag in der Woche in der es sich entschied, wie die Woche ablief. Es hätte keinen schlechteren Tag dafür geben können. Ich jedoch merkte, dass ich in den beiden Tagen übers Wochenende mich inzwischen wieder gut entspannen konnte und der Montag eigentlich ideal dazu war, ihn als freien Tag zu nehmen. Aber da kamen natürlich auch alle Widerstände hoch, die ich in mir hatte. Irgendwann musste ich mich dann aber entscheiden, ob ich es aufgebe oder so verändere wie ich es geplant hatte.

Ich nahm mir vor es umzusetzen und es einfach einmal 3 Wochen auszuprobieren. Sollte es wirklich nicht klappen, konnte ich dann immer noch zu der bisherigen Regelung zurückkehren, dachte ich mir. Mit viel Angst, aber auch bangem Erwarten startete ich den Versuch und es stellte sich heraus, dass es zu ändern war. Ich hatte es tatsächlich geschafft, was mir vorher unmöglich erschien. Ich fing an, den halben Tag einfach sein zu lassen und mir hier nichts vorzunehmen. Einfach schauen, was sich wirklich ergab und ich merkte, dass sich viele alte Wünsche einstellten. Es war total spannend, was ich alles erlebte. Den anderen Teil des Tages habe ich mir dann bewusst vorgenommen, bestimmte Dinge zu machen, die ich für wichtig hielt und die ich sonst bestimmt nicht gemacht hätte. Bestimmte Übungen, Meditationen, tantrische Erfahrungen usw.

Ich merkte sehr schnell, wie ich mich veränderte und mich viel wohler fühlte. Wieder viel mehr zu mir stehen konnte und wie wichtig dieser Tag für mich war.

Ich hatte unbewusst genau das Richtige gemacht. Einmal, mir die Möglichkeit gegeben, dass sich Dinge verwirklichen können, die ganz von alleine kommen und dann im zweiten Teil die Sachen angehen, die ich nur mit Willen, Übung und wenn du es so willst, mit bewusster Hingabe angehen kann, indem ich ja dazu sage und es auch umsetze.

Ich glaube einfach, jeder von uns muss irgendwann einmal zu sich ehrlich sein und einfach einmal fragen, ob das Leben, dass ich jetzt lebe, für mich befriedigend ist. Ob ich so, wie es jetzt ist, glücklich bin und wenn nicht, was mich daran hindert es zu sein. Schreib dir doch einfach mal auf, was dir dazu einfällt und gehe dann Punkt für Punkt durch, ob es wirklich so und nicht anders zu regeln oder zu handhaben ist. Welche andere Möglichkeit könnte noch umsetzbar sein? Will ich das überhaupt?

Vielleicht erscheint es nur im ersten Moment undurchführbar, aber je mehr du dich damit beschäftigst, um so mehr Möglichkeiten werden dir auffallen, wie du es noch machen kannst! - Wenn du es wirklich willst!

Wir haben alle einen so großen Teil in und um uns herum, in dem alle unsere Wünsche, Ideen und Vorstellungen, Ablehnungen oder unbewusste Übereinstimmungen gespeichert sind. Und jedes davon versucht sich umzusetzen. Ein bestimmter Teil in uns schaut ständig, dass das alles wie ein Puzzlespiel zusammengesetzt werden kann. Je mehr ich mich damit beschäftige, umso besser oder schneller kann es aufgeräumt werden und hat wieder viel Energie frei um noch intensiver arbeiten zu können. Ähnlich einer Wohnung die über langen Zeitraum zwar bewohnt aber nicht mehr geputzt oder aufgeräumt wurde. Eine Zeit lang ist es auszuhalten, aber irgend-wann kommt ein Zeitpunkt, an dem es nicht mehr positiv oder angenehm ist, sondern anfängt ins Gegenteil umzuschlagen. Dann hilft nur es zu ändern. Alles andere verschlimmert es nur und macht es noch schwerer oder komplizierter. Oder?

Vielleicht denkst du lieber, wenn es so oder so wäre, ja dann ....

Wenn jetzt eine Fee käme und ich hätte drei Wünsche frei, dann ....

Nachdem ich in mir diese beiden Impulse und Wünsche entdeckte, hatte ich auf einmal das Gefühl, dass ich in mir selber vielleicht eine Fee haben könnte. Ich dachte bisher immer eine Fee muss wie im Märchen eine bezaubernde Frau sein, die von außen unerwartet auf mich zukommen muss. Vielleicht steckt sie ja in mir und ist einfach ein Teil von mir. Wenn ich sie nur annehmen und zulassen kann.

3 Wünsche habe ich frei und ich wünsche mir......

Ja was wünsche ich mir denn wirklich?

Mein Leben gefällt mir so wie es ist sehr gut und ich habe ein paar Kleinigkeiten und auch ein paar größere Wünsche, die ich aber selber angehen kann und wenn ich Glück habe und mir Zeit lasse, sie selber erfüllen kann. Einige davon sind pure Träumereien, aber in diesem Leben so nicht durchführbar, erschien es mir. Bei genauerem Hinsehen merkte ich jedoch, dass es Wege gab, das zu finden was ich damit wirklich wollte. Deshalb habe ich diese Zeit den Feentag genannt. Ich nehme mir immer mal wieder eine „Auszeit" dafür, und es ist ein fester Bestandteil meines Lebens geworden.

Viel Spaß und alles Liebe für deine Art es umzusetzen.

Der Aktionsbogen

Uns ist allen bekannt, dass jede Aktion oder Interaktion ein Anfang, einen Höhepunkt oder eine Mitte und ein Ende hat.

In einer Welle können wir es auch sehr schön sehen, wie das Wasser unter Druck anfängt eine Welle zu erzeugen. Den höchsten Wellenkamm erreicht und dann wieder ausfließt.

Wir werden geboren, wachsen auf, leben und werden irgendwann einmal wieder sterben. Gehen in einen anderen Zustand hinein und kommen als Wesen irgendwann wieder in diese Realität zurück, bis wir in eine neue Dimension unseres Daseins überwechseln. Wir sind irgendwann einmal aus Gott entstanden, lernen mit und durch ihn und werden irgendwann wieder in diesen Zustand zurückkehren.

Du hast auf einmal Lust auf ein Butterbrot. Du gehst hin und schneidest dir eine Scheibe Brot ab, streichst die Butter darüber und fängst an, mit Genuss die Scheibe Butterbrot zu essen. Das ist der eine Aktionsbogen, der andere fängt in diesem Moment neu an. Die Bissen werden zerkaut, (32 mal natürlich wie wir es gelernt haben, oder?!) wandern über die Speiseröhre in den Magen. Werden zersetzt und verdaut, wandern in den Körper und werden irgendwann wieder in den Darm weiterwandern und dort gesammelt, bis wir es ausscheiden. Ein neuer Aktionsbogen beginnt damit. Es fängt an sich zu zersetzen, wird aufbereitet und die einzelnen Bestandteile werden gesondert verwertet. Ein neuer Aktionsbogen beginnt ....

Irgendwann könnte es wieder in veränderter Form und zu einer anderen Zeit zu uns zurückkehren. Wie oft wurde die Luft auf dieser Erde schon eingeatmet, ausgeatmet, gefiltert und wieder neu in den großen Kreislauf zurückgegeben?

Wir alle sind nun einmal ein Teil dieses Lebens, das jetzt und hier existiert. Damit gibt es nichts, was zuviel oder zuwenig oder nicht am richtigen Platz ist. Genauso geht es mit jedem von uns. Es ist nur die Frage, kannst du deinen Platz und deine Aufgabe jetzt und hier erkennen, oder meinst du immer noch, du wirst nur gelenkt und hast keine Möglichkeit bewusst dein Leben zu gestalten. Je mehr du Vertrauen zu dir bekommst, um so selbstbewusster wirst du. Umso besser kannst du dich und deine Aufgabe hier im Leben erkennen und erfüllen. Wir alle haben viel mehr davon, wir alle brauchen uns gegenseitig. Wie wichtig und wie schön es ist, wenn eine Klofrau sauber macht und dann noch ihre Arbeit gerne macht und zu uns freundlich ist. Vielleicht hast du es irgendwann einmal erlebt, du musstest mal und du hattest einen Ort gefunden, wärst am liebsten jedoch wieder hinausgegangen. Manchmal sind es nur so Kleinigkeiten, die das Leben lebenswert und schöner machen, aber je mehr du nur mit Arbeit, deiner Innenwelt oder sonst etwas beschäftigt bist, umso weniger wirst du so etwas richtig mitbekommen und zu schätzen lernen. Verärgert sein, sich zurückziehen und irgendwann den Lebensmut immer mehr verlieren ist in der heutigen Zeit etwas ganz Normales. Schon fast anerkannt und wird oftmals mit allem Möglichen überkompensiert.

Bedenke, dass alles was du anfängst, den Wunsch oder Drang hat sich zu realisieren oder zu materialisieren. Sich zu verwirklichen. Deshalb ist es wichtig, wenn du erkennst, dass etwas für dich nicht mehr stimmt oder inzwischen veraltet ist, von dir wieder erkannt und aufgelöst werden muss.

Ich habe es damals als „Aktionsbogen“ gelernt, aber es gibt ja auch viele andere Begriffe dafür. Wie du es auch immer nennen magst, wichtig ist nur, dass du dies in dein Leben mit einbeziehst und es auch tatsächlich machst.

Ich selber habe über einen Zeitraum von über 2 Jahren ganz gezielt beobachtet, wie sich meine gezielt gesetzten Wünsche erfüllen. Ich habe mir die Wünsche aufgeschrieben und mir jeden Tag die Zeit genommen darüber nachzudenken. Hat sich irgendetwas Neues getan, dass ich zu einem der Wünsche zuordnen kann. Wenn ich einen Fortschritt bemerkte, habe ich es dazugeschrieben und so im Laufe der Zeit erkennen können, wie es sich immer mehr verdichtete und realer wurde. Denn oft verwirklichen sich deine Wünsche, und du bekommst es überhaupt nicht oder nur teilweise bewusst mit. Diese Jahre waren eine interessante Zeit. Ich habe viel dazugelernt, wie das Ganze wirklich abläuft.

Es gibt Wünsche, bei denen es am besten ist, wenn du sie dir richtig durchgehst, sie dann aber ganz von allein verwirklichen lässt. Also, sie in Ruhe lässt. Sie verwirklichen sich ganz von selbst. Es gibt Wünsche, mit denen du jeden Tag ganz gezielt arbeiten musst und sie energetisch damit stärken musst, damit sie die Kraft und Macht haben, sich gegen eine vorhandene Kraft durchzusetzen. Dann gibt es wieder Wünsche, die wir teilweise energetisch aufladen müssen, sie aber dann auch eine Zeit lang sich selbst überlassen müsse, und wenn der richtige Zeitpunkt gekommen ist, sie wieder bestärken müssen.

Wie schnell soll sich dein Wunsch erfüllen?

Auch wenn wir durchgegangen sind, dass wir die Zeit nicht begrenzen sollen, so gibt es doch eine paar grundsätzliche Überlegungen, die dir einfach vertraut sein sollten.

Du weißt selber, dass sich manche Wünsche einfach in einem bestimmten Zeitrahmen erfüllen sollten oder müssen. Ansonsten lohnt es sich vielleicht nicht mehr, oder sie sind veraltet. Aber damit noch lange nicht aufgelöst, sie werden sich mit Sicherheit zum richtigen Zeitpunkt erfüllen, an dem es geht. Ist es dann für dich aber noch nachvollziehbar, dass du einmal diesen Wunsch hattest und um Erfüllung gebeten hast?

Ich möchte dir ein Beispiel geben, damit du es besser verstehen kannst was ich damit meine:

Ich persönlich gehe davon aus, dass jeder von uns als Wesen unsterblich ist und unser körperlicher Tod nicht ein endgültiger Tod ist. Es ist zwar ein Tod unseres Körpers, aber die Seele existiert weiterhin auf ihrer Wanderung und Wandlung. Damit hören aber auch nicht deine tiefen positiven wie negativen Einstellungen auf zu existieren. Sie sind einfach ein Teil von dir als Wesen. Zumindest solange, bis du sie ganz bewusst nicht mehr brauchst und alle Erfahrungen damit gemacht hast, die du für dein Weiter-kommen, deine Weiterentwicklung benötigst.

Wenn du z.B. über die Religion deine Lebenserfahrungen machen kannst, so wirst du bei einer bewussten Nachforschung feststellen, dass du schon immer in all deinen früheren Leben etwas mit Religion zu tun hattest. Vielleicht hast du in verschiedenen Kulturen in verschiedenen Religionen deine Erfahrungen gemacht um letztlich festzustellen, dass sie im Grunde genommen alle dasselbe möchten:

Erkenne, dass du ein göttliches Wesen bist und lebe es!

Egal wie du dazugekommen bist und welche Erfahrungen du in dem jeweiligen Leben gemacht hast. Sei es positiv oder negativ, halte dich an solchen Erfahrungen nicht fest. Du hast sie erlebt und damit waren sie zu diesem Zeitpunkt wichtig für dich. Auch wenn du in einer starken Ablehnung oder immer noch in den Gefühlen hängengeblieben bist, die du durch deine damaligen Erfahrungen gemacht hast, sie sind vorbei und nur du hälst immer noch daran fest und damit beeinflussen sie dich auch heute noch.

Es sind keine leeren Worte, die ich da aufstelle, ich habe es am eigenen Leib erlebt und kann ein Lied davon singen. Ich habe nicht umsonst über viele Jahre hinweg mich selber erforscht und mit Hilfe einer Gruppe von Leuten mich selber kennengelernt, um dann, nachdem ich es konnte und dazu die Er-laubnis bekam, es auch für andere umsetzen konnte. Während dieser Zeit habe ich sehr vieles gelernt und gesehen, dass sich bestimmte Grundmuster oder Grundzüge immer wiederholten, bis sie aufgelöst wurden. Wenn du dazu mehr lesen möchtest, so empfehle ich dir mein 2. Buch:

Tabish - Memoarien eines wilden Mannes

Es verwirklichen sich einfach alle Impulse, manche schnell, manche erst nach langer Zeit:

Es gibt nicht umsonst einen „Zeitgeist". Warum kommen bestimmte Modeerscheinungen immer wieder? Haben die Frauen in der Antike ihre Brüste nicht verhüllt, sondern offen getragen und gezeigt, so kannst du in Modezeitungen sehen, dass dies auch heute immer wieder versucht wird und als „neuster Schrei" angeboten wird. Nur tragen dies die meisten Frauen heutzutage nicht mehr so offen.

Vielleicht hast du die Hippizeit erlebt und die damalige Mode getragen. Sie hat dir gefallen, und du hast in dir schon immer den Wunsch gehabt, dass du dies alles gerne noch einmal frei und anerkannt tragen möchtest (kein Außenseiter sein, wenn du es sonst trägst), so kannst du heute in den Geschäften wieder diese Mode kaufen und feststellen, dass viele andere Frauen und Männer sich wieder so einkleiden. Wenn du dir das wünschst, baust du eine gewaltige Kraft auf, wenn sich noch andere Menschen dasselbe oder ähnliches wünschen, wieviel Energie und Kraft und Macht baut ihr dann zusammen auf?!

Kein Wunder, dass es sich irgendwann durchsetzen muss und sich verwirklicht. Ein Mann, Engländer nennt dies morphogenetische Felder, vielleicht hast du mal sein Buch gelesen. Rupert Sheldrake.

Schau dir nur das Beispiel mit den wiedervereinigten Völkern an, lange Zeit hat niemand mehr geglaubt, dass sich befeindete Völker wieder vereinen werden. Korea, Vietnam, Ost- und Westdeutschland. Diese Völker waren fest in der Hand von wenigen, die die Macht hatten und ihren Willen nur durchsetzen konnten, weil diese Struktur in dem Volk vorhanden war. Ohne dies hätte es nicht möglich sein können, was geschah. Am Anfang waren es vielleicht nur wenige, die sich ein Leben in Freiheit und Frieden wirklich vorstellen konnten, später wurden es immer mehr, die sich der Energie angeschlossen haben und bei unserem Beispiel Deutschland war das Volk dann so „mächtig“ geworden, dass die Mauern fielen. Es konnte wieder ein Volk werden. Natürlich waren die „Mächtigen“ nicht dumm und hatten dies mit eingeplant, aber so etwas wird dem gemeinen Volk ja nicht erzählt, wie vieles andere oftmals auch nicht. Politik ist halt immer noch ein „Machtspiel“ und irgendwann wird auch dieses sich wieder verändern, so wie viele es sich wirklich wünschen. Nicht umsonst gab es zu allen Zeiten Menschen, die einfach bestimmte Aufgaben bekommen haben oder sich so reif verwandelt haben, dass sie für die Menschheit wichtige Funktionen übernommen haben. Wir nennen sie Propheten, Guru oder wie auch immer. Auch weise und erleuchtete Menschen haben eine spezielle Aufgabe in diesem Spiel. Manche sind offen und müssen damit in der Lage sein, alle Impulse (negative wie positive) auszuhalten und richtig damit umzugehen lernen. Andere wieder haben die Aufgabe im Stillen zu wirken, usw. Aber alles spielt letztlich zusammen und jeder hat seine Aufgabe.

Die Frage ist nur, bist du dir deiner Aufgabe bewusst?

3 Arten wie du mit Wünschen umgehen kannst:

1. Loslassen, erfüllt sich von alleine!
2. Loslassen damit es neue Energie aufbauen kann, sich teilweise erfüllen kann und dann wieder neu programmieren und neu loslassen. Solange bis es sich erfüllt hat.
3. Ständig, jeden Tag damit arbeiten, beschäftigen.

1. Loslassen, erfüllt sich von alleine!

Je größer die Aufgabe ist, die du dir vorgenommen hast, um so mehr musst du lernen, einerseits etwas dafür du tun aber zum anderen es auch loslassen zu lernen. Du kannst immer nur bestimmte Abschnitte in dem Aktionsbogen auf einmal erkennen, erfüllen, umsetzen. Wenn dieser Teil erfüllt ist, ist jetzt wichtig sich zu entspannen und sich wieder zu erholen, das Leben zu genießen und sich so wieder neu darauf zu freuen, weiterzumachen. Nur so kannst du wieder mit neuem Elan darangehen und mit Lust und Freude weitermachen. Mit gestauten Gefühlen oder Lustlosigkeit wirst du auf Dauer nichts Schönes aufbauen können. Es zieht dich sonst eher auf eine niedrigere energetische Stufe hinunter. Das bedeutet, dass du viel mehr schaffen, arbeiten, kämpfen musst dafür. Falls dies bisher der

Weg für dich war und du es nur so geschafft hast, frage dich doch einfach einmal, ob du jetzt nicht anfangen möchtest, es dir leichter und einfach zu machen?

Wenn du den Wunsch hast, eine glückliche, innige, ehrliche und tiefe Beziehung mit einem Menschen oder mit Kindern zusätzlich zu leben, so musst du dir einfach Zeit lassen, denn das kannst du nicht von heute auf morgen umsetzen. Für eine solche Beziehung brauchst du viel Zeit, Verständnis füreinander, Liebe und Glück. Sich viel miteinander austauschen und sich auch seiner Schwächen bewusst sein, auch ständig etwas ändern. Nicht für den anderen, sondern sich selber oder für die gemeinsame Idee. Das Übergeordnete.

Es fängt damit an, erst einmal dir selber klar zu werden, was du wirklich willst. Es dir bewusst zu machen und dann erst es annehmen. Stelle dir vor, wie es ist, wenn du es wirklich erlebst! Bist du auch wirklich bereit es zu leben? Denn dein Leben wird sich bei diesem Wunsch grundlegend verändern, außer, du entziehst dich ihm wieder, wenn wirkliche Veränderungen anliegen und du es nicht kannst oder willst. Beispiele dafür hat ja wohl jeder genug um sich herum, die wir tagtäglich sehen können. Eine glückliche Beziehung sieht nur für Außenstehende so einfach und harmonisch aus. In Wirklichkeit bedeutet sie sehr viel Arbeit und immer wieder Altes aufzulösen, was uns hindert. Das kann manchmal schwierig sein, oder es sieht so aus. Du weißt ja selber wie du mit Widerständen in deinem Leben umgehst.

Was also kannst du jetzt und heute dafür tun, damit sich dein Wunsch erfüllt. Ganz einfach, dich freuen und das Leben genießen, alles was du machst, gerne zu machen und Spaß daran zu haben. Glaubst du wirklich, dass du eine solche Beziehung leben kannst, wenn du jetzt es für dich selber nicht leben kannst! Wieso soll es sich auf einmal ändern, nur weil eine andere Person in dein Leben tritt. Ganz im Gegenteil, sie fordert ja auch noch von dir, und wenn du nicht in deiner Mitte bist, wie willst du es leben? Es ist ein Irrglaube, dass sich alles ändert, wenn du deiner Traumfrau oder deinem Traummann begegnest. Stell dir doch nur vor, wenn sich diese Person voll in seiner Kraft und Lust lebt und du nicht! Wie willst du da richtig glücklich sein, und wie wollt ihr es da auch Dauer zusammen richtig sein? Wenn du „gut drauf bist", wirst du auch jemanden anziehen der/die es auch ist. Das ist also erst einmal das Wichtige daran. Du kannst es auf alle anderen Beispiele oder Wünsche gerne übertragen, und du wirst feststellen, dass dies ein Grundmuster ist. Wenn du etwas wirklich willst, wird alles andere auch von alleine kommen. „Zufällig" begegnest du dieser Person, hast vielleicht jetzt und hier überhaupt nicht daran gedacht, weil du in diesem Moment etwas gerne und mit Spaß gemacht hast und .... sie lebten glücklich bis an ihr Lebensende. Das gibt es nicht nur im Märchen. Es erfordert einfach ständige Wachheit, Ehrlichkeit und immer wieder ein neues gemeinsames Zusammenkommen um es zu erleben. Auch hierfür haben wir, wenn auch meist nur wenige Beispiele, Paare um uns herum die uns zeigen, dass auch so miteinander zu leben, möglich ist.

Alle Wünsche, die nur über einen langen Zeitraum zu erfüllen sind, solltest du so behandeln.

Wenn du dir als Kind vorstellst, was und wie du als Erwachsener leben willst, wenn du dir ausrechnest wie du nach dem Ausscheiden aus dem Berufsleben deine Zeit verleben willst, also alle Langzeitwünsche. Dafür ist dein Wunschbuch z.B. hervorragend geeignet. Du kannst immer wieder sehen, wohin dich dein Leben führen wird und es irgendwann einmal abhaken. Außer, du bist dir so bewusst, dass du einfach weißt, was du dir alles wünschst und wie du dein Leben gestaltest.

Wenn du anfängst dich so zu beobachten, so wirst du dir auch eher auf die Schliche kommen. Denn es gibt viele Wünsche, in denen du dir auch alles

Schlechte oder Negative wünschst. Das geht ja meist so schleichend und schnell, aber es hat ja dieselbe Kraft und wird sich ebenfalls erfüllen. Also beobachte dich dabei, genauso, wie bei deinen „positiven oder bewusst gesetzten Wünschen".

2. Loslassen und wieder neu sich damit beschäftigen und wieder loslassen ....

Vielleicht machen wir das ja mit allen positiven und negativen Wünschen so, aber wenn du bewusst damit umgehen lernst, wird du sehen, dass es bei manchen einfach nicht anders geht. Du nimmst dir etwas Großes vor wie z.B. eine Reise. Das genaue Datum dafür steht fest. Nun, in der Regel wirst du dafür Vorbereitungen treffen müssen. Pass muss gültig sein. Wenn Impfungen erforderlich sind, diese machen, du brauchst einen bestimmten Betrag an Geld für diese Zeit zum Lebensunterhalt und für Vergnügungen usw. Wenn du das Geld nicht auf dem Konto hast, so musst du es bis dahin noch zusammenbekommen. Vielleicht muss die Wohnung/Haus während dieser Zeit versorgt werden, Freunde/Bekannte vorher benachrichtigt werden usw. Wenn du viel und oft reist oder beruflich unterwegs bist, hast du eine gewisse Routine darin, ansonsten musst du es lernen und am Anfang wird es dir schwerfallen. Also, du kannst immer nur bestimmte Sachen auf einmal machen und später wieder etwas. Das ist damit gemeint.

Bei manchen Wünschen ist es dasselbe und es geht auch nicht anders. Alles andere wäre etwas erzwingen und du weißt selber, wenn du etwas erzwingst, bekommst du zwar auch etwas. Aber wie sieht es mit deinem schlechten Gewissen aus? Ist es wirklich das, was du bekommen hast, was du dir auch wirklich damit gewünscht hast? Oder ist es nur ein Teil davon?

Beobachte doch einfach einmal, bei welchen Wünschen du so oder so vorgehen musst. Es ist mit Sicherheit sehr interessant und du lernst viel dabei für dich. Denn es ist ja für dich und nicht für andere. Deshalb auch immer wieder meine Empfehlung, es selber auszuprobieren. Was nützen dir die besten Tabellen, Vorgaben usw., wenn es nur abstrakt ist.

3. Ständig dabeibleiben

Bestimmte Wünsche erfordern einfach deine ganze Aufmerksamkeit und Konzentration. Das ist nun einfach einmal so.

Wenn du z.B. merkst, dass du von Tee, Tabak, Kaffee, Alkohol, Süßigkeiten usw. abhängig geworden bist, ist es schon einmal ein ganz wichtiger Schritt, dir das wirklich einzugestehen und dir nicht wieder ständig selber etwas vorzumachen.

- Aufzuzhören mit Zigarettenrauchen ist das einfachste für mich was es gibt. Ich habe es schon mehr als 30 mal gemacht...........

Toller Witz ich weiß, aber wirklich geschafft hast du es nicht.

Je mehr du in deinem Leben schon etwas gemacht hast und es mit Energie aufgeladen hast - und hier spielt es keine Rolle ob mit deiner Übereinstimmung oder mit Ablehnung - du hast etwas sehr Lebendiges geschaffen. Um das dann wieder aufzulösen, benötigst du natürlich auch wieder viel Energie und Zeit. Ist doch logisch oder?

Gut, aber wie sieht es in deinem Leben damit aus? Kannst du es so für dich selber akzeptieren?

Wenn du z.B. ein paar Kilo abnehmen willst, so hast du mehrere Möglichkeiten. Du kannst es auf ganz einfache und lockere Art machen oder es mit viel Stress. Wenn du einfach das isst - und nur dann isst - wenn du wirklich Lust darauf hast, wirst du sehen, dass es schnell geht. Wenn du das Abnehmen dagegen mit Gewalt, Verzicht und Anspannung machst, ist der Erfolg fraglich. Gut, vielleicht hast du abgenommen, aber bist du auch glücklich während dieser Zeit des Abnehmens und vor allem danach? Hast du auch wirklich etwas an deinem Problem geändert weswegen du zugenommen hast, oder hast du mal wieder eine Symptombehandlung gemacht? Auf Dauer wird dir nur helfen, wenn du dir bewusst machst, dass du damit etwas überdeckst und es dir klar wird, warum du zugenommen hast.

Bist du ein sensibler Mensch und nimmst viel wahr, macht dir vieles etwas aus, nimmst du dir vieles zu sehr zu Herzen, bist du von etwas sehr enttäuscht oder verletzt worden, hast du das Gefühl andere bestimmen über dich, du bist handlungsunfähig, musst dich immer anpassen, bist voller Wut oder Hass, hast eigentlich überhaupt keine Lust dazu - aber du machst es trotzdem, oder...................? Nun, dann brauchst du dich nicht zu wundern, wenn du dir etwas Gutes tun willst z.B. über das Essen. Vielleicht bist du mit mehr Körpergewicht auch nicht mehr so sensibel oder verletzlich, oder was auch immer. Es hat schon einen Grund, warum es jetzt so ist.

Wenn es jetzt so einfach wäre, einfach mit einmal sagen, ich höre jetzt damit auf und nehme ab, nun, dann hättest du halt mit Sicherheit schon längst abgenommen. Du hast es deshalb noch nicht geschafft, weil dir gegen die „bißchen Wunschenergie“ halt all die bisher angesammelte Energie gegenüber steht, die du bisher damit aufgebaut hast. Wenn du ab jetzt nicht wirklich bewusst bleibst, wird sie dich wieder hinunterziehen auf das alte bekannte Niveau.

Also ist hier der Trick dabei, dir ständig neue Energie zuzufügen und Kraft zu sammeln, damit diese stärker wird und siegt.

Es gibt doch viele solcher altbewährten Tricks. Schreibe es auf einen Zettel auf und klebe diesen dorthin, wo du viel bist und dir für einen kurzen Moment Zeit nehmen kannst. Um z.B. daran zu denken und zu fühlen und dir wieder neue Kraft holen kannst. Am Spiegel, neben dem Bildschirm, Kühlschrank, Tür oder wo immer es für dich stimmt.

Oder du stellst dir immer wieder vor, wie es ist, wenn du deinen Wunsch jetzt leben würdest: wie fühlst du dich dabei, wie siehst du mit deinen Augen deine Umwelt in diesem Moment, wie redest du, was machst du gerade. Versetze dich so genau und mit allen deinen Sinnen in diesen Zustand hinein, denn wenn du es wirklich erlebst, wirst du es auch mit allen deinen Sinnen und mit dem Körper erleben. Also, sei so genau wie möglich. - Und vergesse die Lust und den Spaß nicht dabei. Nichts ist so ernst, dass du es nicht mit Freude und Lust genießen kannst!

Dein zweites Chakra ist das, also lebe es auch. Es ist ein ganz natürlicher Bestandteil von dir und nur du selber glaubst vielleicht, es nicht leben zu dürfen.

Habe einfach Vertrauen zu dir und in deine Fähigkeiten. Das ist das Allerwichtigste!

Wenn du Lust hast, nimm dir einfach einen kleinen, überschaubaren Wunsch und beobachte ihn einfach in der Zeit, bis er sich erfüllt hat. Wie und was alles dazu gehört bis zur Erfüllung. Du kannst einfach aufmerksam sein, oder es dir aufschreiben.

Hier im Kapitel Aktionsbogen habe ich am Anfang geschrieben, dass alles einen Anfang hat, einen Höhepunkt oder eine Mitte und ein Ende. Nun, ich habe dir viele Beispiele dafür aufgezeigt. So ist halt unser Leben.

Ich wünsche dir viel Spaß dabei, wenn du es auch für dich erforschst.

Sinnlosigkeit

Kannst du mit diesem Wort oder mit diesem Gefühl etwas anfangen?

Hast du dies schon einmal erlebt, wie blockierend es sein kann, wenn du die Sinnlosigkeit in etwas erlebt hast. Es lässt dich nicht in deine Kraft kommen und Aussicht auf Erfolg, Veränderung besteht schon gar nicht. Wozu auch?!

Worin du auch immer eine Sinnlosigkeit siehst, du wirst einfach keine Freude, Lust mehr haben und dass sich etwas wirklich bessert wird dir nur schwer zu vermitteln sein. Auch hier ist es wieder dasselbe, nur du alleine kannst etwas für dich ändern.

Bei anderen Menschen fällt es uns in der Regel leichter etwas zu erkennen, als bei uns selber. Je näher uns ein Mensch steht, um so schmerzhafter ist es meist es mitanzusehen, wie er/sie sich quälen. Aber außer unsere Hilfe anbieten, können wir nicht wirklich etwas machen. Wenn diese Person nicht gerade ein Kind ist, und wir es umstimmen können oder im Notfall vor etwas beschützen können, bei einem Erwachsenen müssen wir einfach davon ausgehen, dass jeder in der Lage ist, sich selber anzuschauen und zu erkennen, was gerade abläuft. Aber wirklich eine Veränderung herbeiführen kann nur jeder für sich selber. Das heißt nicht, dass wir nicht unterstützend dasein sollen, wenn eine wirkliche Hilfe benötigt wird. Nur ist alles andere nicht richtig und verschwendete Zeit und Energie. Vielleicht hilft es das eigene Selbstwertgefühl aufzubauen - aber hilft es dem anderen wirklich?!

Sehr schnell kann eine Abhängigkeit oder ein Ausnützen entstehen. Wohl jeder von uns kann da ein Beispiel dafür aufzählen. Hier kommen wir auch nur wieder mit - Abstand nehmen – heraus, um uns dann wieder neu umzuprogrammieren.

Du kannst mein nachfolgendes Beispiel und die Aufforderung etwas für dich selber zu tun, genauso auf das übertragen, worin du gerne eine Änderung erzielen möchtest. Sollte dieses Beispiel für dich ebenfalls so stimmen, so freue ich mich, dir eine Anregung geben zu können.

Auch du kannst ausreichenden materiellen Wohlstand erlangen!

Wenn Geldmangel die Ursache deiner Probleme sind, liegt der Grund dafür in dir, denn du lässt dich unbewusst vom G r u n d - G e d a n k e n der

Sinnlosigkeit

beherrschen.

Dein Glück beginnt in dir.
G l a u b e d a r a n, dass du mit Geldangelegenheiten umgehen kannst!
G l a u b e daran, dass du haben wirst, was du brauchst.

Du bist selbstsicher!

Du bist erfinderisch!

Du kannst alles erreichen, was du wirklich willst!

Nimm diese Heilgedanken in dein Bewusstsein auf, und deine Probleme werden sich klären. Das Gesetz der Schöpferkraft arbeitet ab j e t z t für dich!

Zielplanung

Ich möchte dir hiermit eine Möglichkeit geben, über dein Leben und deine Ziele noch einmal neu nachzudenken. Es wird dir auf jeden Fall helfen, dich besser oder vielleicht sogar neu kennenzulernen. Ich habe dies oft gemacht und bin mir im Laufe der Zeit immer mehr auf die Schliche gekommen, und damit ist dann vieles leichter geworden. Ich konnte bei meinen Entscheidungen ehrlicher sein und musste nicht mehr bestimmte Dinge machen, nur weil es so vorgeschrieben war oder weil ich unbewusst versucht habe, entweder mich anzupassen oder dagegen zu rebellieren.

Zielplanung :

Mein Ziel:

Was möchte ich damit erreichen?

Wie kann ich das Ziel energiesparend und richtig erreichen?

Was muss ich dafür tun?

Was bin ich bereit dafür zu geben?

Benötige ich Hilfe, wenn ja, von wem?

Das ist mein Ziel in zwischenmenschlicher Beziehung:

Das ist mein berufliches Ziel:

Das ist mein privates Ziel:

Das ist mein Ziel für die Freizeit:

Das ist mein Ziel im Umgang mit Geld:

Das ist mein Ziel mit meiner direkten Umwelt:

Zum Nachdenken:

Zu viel zu zahlen, ist töricht, aber zu wenig zu zahlen, ist noch schlimmer. Wenn du zu viel zahlst, verlierst du ein wenig Geld - und das ist alles. Wenn du zu wenig zahlst, verlierst du mitunter alles, denn der gekaufte Gegenstand ist nicht imstande, die Aufgabe zu erfüllen, für die er gekauft wurde. Das ungeschriebene Recht des Geschäftsverkehrs verhindert es, dass einer nur wenig zahlt und dennoch viel bekommt - das ist unmöglich. Wenn du das niedrigste Angebot annehmen willst, empfiehlt es sich, etwas für das damit verbundene Risiko hinzuzurechnen. Und wenn du das tust, hast du auch genug Geld für etwas Besseres.

John Ruskin 1819-1900
Englischer Schriftsteller, Kunsthistoriker und Sozialreformer.
Ruskin College, Oxfort, wurde nach ihm benannt.

Verkäufer,

der sicherste Beruf der Welt

Diesen Artikel habe ich einmal vor vielen Jahren gefunden und seither eingerahmt in meinem Büro hängen gehabt. Es gab Zeiten in meinem Beruf da ich nicht mehr so recht daran glaubte, und durch das Lesen dieses Artikels konnte ich wieder neuen Mut fassen und meinen beruflichen Weg neu überdenken und neu angehen. Deshalb habe ich mich entschlossen, den Artikel ins Buch mit hineinzusetzen. Vielleicht hilft er dir, über die Rolle des Verkäufers in unserer Kultur einmal neu nachzudenken und in dir selber zu entdecken, was und wie du zu diesem wichtigen Bereich unseres Lebens stehst, und was du persönlich darüber denkst. Ich wünsche dir viel Spaß dabei.

Wer Verkäufer ist, kann stolz auf seinen Beruf sein.

Er ist die Quelle, aus der alle Unternehmensgewinne und selbst die Kosten bestritten werden. Jeder Mitarbeiter, selbst der Chef eines Unternehmens, hätte kein Einkommen, wäre da nicht der Verkäufer, der für Umsatz sorgt. Ohne Umsatz gibt es keine Produktion, gäbe es nichts zu verwalten und zu buchen. Alles beginnt erst mit dem Verkauf. Der Verkäufer ist das Fundament eines jeden Unternehmens. Verkäufer sind die Seele der Volkswirtschaft.

Der Beruf des Verkäufers ist der sicherste Beruf der Welt. Sie glauben es nicht? Nur, weil der Verkäufer kein festes Gehalt bezieht und von seinen Provisionen leben muss? Denken Sie einmal darüber nach, welche Arbeitsplätze aus Gründen der Rationalisierung oder in Rezessionszeiten gefährdet sind. Sind es die der Verkäufer? In solchen Zeiten verlieren Zehntausende von ehrlichen, seriösen, gewissenhaften, arbeitsamen und produktiven Menschen ihre Stellung. Und das nicht, weil sie nicht arbeiten wollen, sondern weil es für sie weniger zu tun gibt. Kennen Sie aber einen einzigen ehrlichen, seriösen und arbeitsamen Verkäufer, der in solchen Zeiten seinen Job verloren hat? Ein Verkäufer verliert seine Stelle immer nur aus Gründen, die in seiner eigenen Persönlichkeitsentwicklung zu suchen sind. Und sollte er doch einmal aus einem anderen Grund (wenn z.B. seine Firma in Konkurs geht) seinen Job verlieren, so wird er in den meisten Fällen schon einige Häuser weiter sehnsüchtig als neuer Mitarbeiter erwartet.

Verkäufer schufen große Nationen

Die USA und auch die Bundesrepublik Deutschland sind wirtschaftlich so große Nationen geworden, weil es Nationen von Verkäufern sind. Verkäufer machten den Aufschwung möglich. Nur, weil sie verkaufen, konnte produziert, geliefert und dann verdient werden. Die Verdienste konnten investiert werden. Flächenmäßig sind andere Länder wie China, die Sowjetunion, Brasilien zwar größer und verfügen auch über genügend Naturschätze und Menschen, die als Produktionsfaktoren angesehen werden können. Aber es fehlen die Verkäufer.

Die Bedeutung des Verkäufers für jeden Einzelnen von uns wird leider nicht erkannt. Natürlich sind Verkäufer gut bezahlte Mitarbeiter. Sie verdienen viel und haben es auch wirklich verdient, denn die eigene Leistung zeigt sich nirgends so konkret wie in den Kontoauszügen eines Verkäufers. Aber das soziale Ansehen sieht noch ganz anders aus. Weder Kunden und Innendienstkollegen, noch große Teile der deutschen Bevölkerung sehen den Verkäufer in seiner wahren Bedeutung für die Volkswirtschaft, noch für die Lebensqualität der Bürger.

Starke Vorurteile

Viele Menschen glauben, dass Verkäufer andere zu etwas bringen müssen, was diese gar nicht wollen. Spitzenverkäufer wissen, dass, wer mit solchen geistigen Einstellungen verkauft, kaum Umsätze erzielen wird. Aber dieses Vorurteil lebt nun einmal und ist nicht so leicht wieder aus der Welt zu schaffen. Anders wäre es, wenn besser verstanden würde, dass „Verkaufen" eine unverzichtbare Eigenschaft unseres Lebens ist. Verkaufen ist eine andere Bezeichnung für „Geben und Nehmen". Und auf diesem Prinzip beruht alles, was im Universum geschieht. Was nützt die beste Leistung, wenn sie nicht gegeben und genommen wird. Sie beginnt niemals zu leben, weil sie vom Leben abgetrennt bleibt. Erst durch Verkaufen wird eine Leistung belebt. Fast jeder Mensch kann diese Aussage durch eigene Erfahrungen bestätigen, wenn er sich daran erinnert, wie er eine Meinung oder eigene Überzeugung einem anderen zu dessen Wohl „geben“ wollte, dieser aber nicht bereit war, diese zu „nehmen“. Er konnte sie nicht verkaufen! Und ohne diesen Verkauf begann die gutgemeinte Wirkung seines Ratschlages nicht zu leben.

Jeder verkauft

Jeder Mensch verkauft, an jedem Tag seines Lebens. Ob er seinem Lebenspartner die Idee verkauft, doch mit ins Theater zu gehen oder den Urlaub auf Mallorca statt auf Sylt zu verbringen. Der bessere Verkäufer gewinnt. Und er gewinnt nicht, weil er sich und seine Meinung geschickter durchsetzen vermag, sondern weil er mehr von dem zu „geben“ kann, was sein Gesprächspartner gerne „nehmen“ will. Nur aus diesem Grund kommen Verkäufe zustande. Eine erfolgreiche Verkäufertätigkeit beruht auf folgender Erkenntnis: „ Gib den Menschen mehr von dem, was sie wollen - und möglichst nichts von dem, was sie nicht wollen!“

Diese grundsätzliche Einstellung, gepaart mit Selbstvertrauen und entsprechendem Selbstwertgefühl, führt zum „leichten“ Verkaufen. Schwer wird die Tätigkeit des Verkäufers, wenn er seine Verkaufskraft aus Verkaufstechniken, Fragetechniken und anderen äußeren Methoden beziehen will. Sie können nur Werkzeuge sein, die richtig eingesetzt, Erfolge unterstützen, aber den wahren Ausschlag geben sie nicht.

Überzeugungs - Sieger

Das Selbstwertgefühl und das Selbstvertrauen des Verkäufers, das er aus seiner inneren Überzeugung hinsichtlich seiner Tätigkeit und dem Nutzen für den Kunden bezieht, setzt sich in seine Ausstrahlung um, die zu Vertrauen zwischen Kunden und Verkäufer führt. Vertrauen wiederum führt dazu, dass das, was der Verkäufer „geben" kann, auch vom Kunden „genommen" wird.

Verkaufsethik führt zum Erfolg

Bewiesen wird dies durch die Tatsache, dass zwanzig Prozent aller Verkäufer achtzig Prozent aller Umsätze bewirken. Um die restlichen zwanzig Prozent der Umsätze kämpfen Tag für Tag die achtzig Prozent der Verkäufer, die über wenig Selbstwertgefühl hinsichtlich ihrer Persönlichkeit, Firma, Produkte und dem Nutzen für ihre Kunden verfügen. Kunden aber vertrauen nur dem und kaufen nur dann, wenn sie spüren, dass der Verkäufer selbst in allen vorgenannten Punkten restlos überzeugt ist. Das ist aber nicht oft der Fall. Und dies ist eine Folge falscher Einstellungs- und Schulungspolitik der Unternehmen.

Die Erfahrungen haben gezeigt, dass fast jeder, der die Bereitschaft zum Verkaufen zeigt, als Verkäufer auch eingestellt wird. Es wird vorher kaum geprüft, wie seine individuelle Persönlichkeit (Glaubensüberzeugungen) zum Unternehmen, zur Kundenzielgruppe oder zum Verkaufsprodukt passt. Aus diesem Grund gibt es so viele Verkäufer, die um den Erfolg ständig kämpfen müssen. Die Spitzenverkäufer bilden die Ausnahme von dieser Regel, denn bei ihnen passen Produkt, Unternehmen und Zielgruppe zur inneren Persönlichkeitsstruktur. Des weiteren werden selten Schulungsmaßnahmen durchgeführt, die dazu geeignet sind, eine bessere Übereinstimmung zwischen Verkäuferpersönlichkeit und Zielgruppe sowie Produkt herzustellen. Dabei liegt hier der Schlüssel zu Spitzenumsätzen!

Entscheidungen und Handlungen entstehen aus Glaubensüberzeugungen. Und nur dann, wenn Glaubensüberzeugungen gleicher Natur sind, kommt ein Konsens zustande, der Erfolg ermöglicht, weil dadurch eine Überzeugung wächst. Das gilt für den Verkäufer, der an sich selbst, an sein Produkt und seine Firma glauben muss, will er subjektiv überzeugend wirken. Und das gilt auch für die Kunden, denn sie treffen ihre Entscheidungen nicht nur nach den objektiven Gesichtspunkten, sondern überwiegend danach, was sie glauben und eben nicht danach, was sie wissen oder was ihnen als neues Wissen durch den Verkäufer vermittelt wurde. Persönlichkeitsentwicklung ist daher nicht nur für die Entfaltung des Potentials des Verkäufers wichtig, sondern auch für ein besseres Verständnis, warum sich Menschen so verhalten, wie sie sich nun einmal verhalten. Und Spitzenverkäufer wissen das.

Dieser Artikel wurde von Dieter F. Ahrens geschrieben. Leider kann ich nicht mehr nachvollziehen, wo und wann ich diesen Artikel fand.

Aus meiner eigenen Erfahrung möchte ich noch hinzufügen, dass leider viele Menschen immer noch glauben, sie wurden „verkauft". Nicht sie haben etwas von sich gekauft, ihre Einwilligung dazu gegeben und innerlich wie äußerlich mit dem Abschluss des Kaufes erst dies zustande gebracht. Ob sie Geld gegeben haben für ihre Ware oder einen Auftrag unterschrieben haben, damit etwas für sie angefertigt und ausgeliefert werden kann. Heute herrscht leider immer mehr der Irrglaube, dass ich als Kunde machen kann was ich will, ich habe ja immer das Recht, alles wieder rückgängig zu machen, oder ich muss die Ware oder die Dienstleistung ja nicht bezahlen. Also, einfach nehmen, aber nichts dafür geben. Die Verluste trägt halt einfach der „Verkäufer“. Dem macht das ja nichts aus. Ich bin ja im Recht!

Und wie sieht das Recht aus? Nun, ich selber habe über mehrere Jahre hinweg erlebt, dass trotz korrektem Auftrag oder Rechnung und ausgeführten Dienstleistungen oder Warenabgabe vor Gericht ich als Verkäufer von vorne herein als derjenige angesehen wurde -und es wurde auch oft so gesagt, der den „armen Kunden über den Tisch gezogen hat“. Egal, wie ehrlich ich es gemacht habe. Nachdem ich so auf diese Weise verloren hatte und ich feststellen musste, dass ich mit meinem Beruf als Rutengänger und Dienstleistener in Anwaltskreisen und vor Gericht nur als lächerlicher Betrüger abgestempelt wurde, habe ich nicht aufgegeben und mir etwas anders gesucht, sondern bin alle Widerstände angegangen und habe geschaut, wie ich es noch besser machen konnte um mich nicht davon herunterziehen zu lassen, sondern gestärkt und sicherer hier heraus kommen kann. Es war zwar ein harter Weg, aber der Erfolg hat mir Recht gegeben. Heute stehe ich völlig anders da, und mein Beruf, den ich jetzt seit 1984 hauptberuflich ausübe, macht mir immer mehr Spaß. Nun, jeder von uns hat eine oder seine Lebensaufgabe, und dies ist ein Teil von meiner Lebensaufgabe.

Um hier kein falsches Bild entstehen zu lassen, 95

% aller meiner Kunden waren mehr als nur zufrieden und haben spürbare Verbesserungen erlebt, aber das wurde nicht akzeptiert. Ich glaube, dass jeder guter Verkäufer auf seine Art seine Erfahrungen machen und dadurch auch zu sich selber finden wird. Das möchte ich mit diesem Artikel weitergeben.

Hilf dir selbst, dann hilft dir Gott!

Mit dieser letzten Anregung möchte ich das Buch für diesmal wieder beenden. Ich danke dir, dass du dir die Zeit in deinem Leben genommen hast und mit mir zusammen auf die Reise mittels unseres Gefährtes Buch gegangen bist. Mit Sicherheit ist das eine oder andere mit dir passiert, während du es gelesen hast. Manches ist dir vielleicht bewusst geworden und/oder hat dich zum Überlegen oder Umsetzen angeregt. Vielleicht ist auch vieles mit dir geschehen, was du gar nicht so bewusst wahrgenommen hast. Jedenfalls hat dich das Buch und unsere Reise an vielen Energien vorbeigeführt. Vielleicht hast du positive Erfahrungen, Gefühle oder Erinnerungen oder vielleicht auch nicht so schöne Erinnerungen erlebt. Tagsüber oder es geschah in deinen Träumen, das du es verarbeitet hast, eine Reinigung und Klärung.

Lass uns vielleicht noch einmal kurz über das Beten nachdenken. Keine Angst, ich werde dich weder dazu anregen es zu machen, noch versuchen es dir auszureden.

Aber hast du dir schon einmal die Frage gestellt, warum bete ich? Oder warum bete ich nicht? Warum beten Menschen überhaupt? Was hat das für einen Sinn? Was soll und wie soll etwas damit geschehen?

Jeder von uns ist in einer bestimmten Religion aufgewachsen. Egal wo und wie du es erlebt hast. Wir müssen hierbei jedoch zwischen einer Kirche, Konfession und einer Religion unterscheiden. Eine Religion bedeutet einfach übersetzt: aus Gott heraus und wieder zu Gott zurück.

Während eine Konfession von Menschen gemacht und von Menschen gehandelt, gelenkt und beeinflusst wird.

Kann der tiefere Sinn darin nicht einfach sein, dass du Lebens- und Weggefährten suchst und brauchst und dich hierüber wieder auf dich selber besinnen kannst? Dass du deine wirklichen Werte und Einmaligkeit wieder entdeckst oder dazu angeleitet wirst. Durch Liebe, Zuwendung und Zusammengehörigkeitsgefühl. Oder durch Ablehnung, Ausscheiden und jetzt aber den Weg selber finden und dich von etwas abwenden. Egal welcher Religion, welchem Führer oder wenn du nur deinem eigenen innerem Wissen vertraust, eines haben wir alle gemeinsam:

Wir sagen JA oder NEIN dazu. Zu unserem Leben und zu unserer eigenen inneren Verantwortung und wenn es noch so sehr verschüttet ist. Du wirst es wieder finden.

Warum beten wir Menschen?
Und tun es Tiere nicht auch?

Nur weil uns die heutige Wissenschaft zeigt und weil wir daran glauben, dass Tiere nicht genauso empfinden und zu Handlungen und Taten bewusst fähig wären, sprechen wir es hier bei uns in unserer Kultur ab.

Weil beten, auf welche Art auch immer, Kraft konzentriert, etwas bewusst macht durch das Aufzählen und uns hilft uns zu sammeln. Selbst wenn es nur durch ein mechanisches Aufsagen von bestimmten Strophen/Worte ist. Es hat seinen Sinn.
Welchen Sinn etwas haben kann, kannst du z.B. darin sehen, dass wir heute beten:

- und führe mich nicht in Versuchung!

Mann, muss die Versuchung etwas Schlimmes sein, wenn wir so Angst davon haben müssen!

Denn der ursprüngliche Text lautete damals, bis er verändert wurde, damit wir mit Angst besser gelenkt werden können:

- und führe mich in der Versuchung!

Ein ganz gewaltiger Unterschied, oder? Eine völlig neue Lebensauffassung, die sich hier auftut! Wie beim Beten, auch hier sagt unsere christliche Kultur:

Hilf dir selbst, dann hilft dir Gott

Was für einen Glauben du auch immer für dich als richtig ansiehst, es ist ein Glauben. Solange du etwas glaubst, schaffst du damit eine Realität für dich, du bestimmst so dein Leben. Und lebst du etwas in Ablehnung aus, indem du protestierst, so glaubst du daran ebenfalls und es verwirklicht sich.

So einfach ist es!

Deshalb, viel Glück beim Herausfinden, was für dich stimmt oder nicht stimmt, was du ändern möchtest und ich wünsche dir alle Kraft, Spaß, Glück und Erfolg, den ich dir hiermit senden kann.

Wenn du Kontakt aufnehmen möchtest, Fragen hast oder mir schreiben möchtest. Die Adresse steht über den Verlag im Buch.

Mein Wunsch deshalb an alle:

- und führe mich in der Versuchung!

Dezember 1999

Tabish Robert Ohlheiser

Akzeptieren

Meine ganze Botschaft ist:
Akzeptiere
was du bist,
weil Gott es akzeptiert.
Gott respektiert es,
und du
hast bis heute noch nicht
dein Wesen respektiert.
Nur sehr selten
findet man einen Menschen,
der sich selbst respektiert.
Warum ist dies so selten?
- weil man
dir beigebracht hat,
immer nur nachzumachen.
Von frühester Kindheit an
hat man immer wieder
von dir verlangt,
jemand anderes zu sein.
Niemand hat dir gesagt:
Sei du selbst,
sei respektvoll
gegenüber deiner Natur -
sie ist Gottes Geschenk.
Ahme niemals nach -
das ist es, was ich dir sage.
Ahme niemals nach.

Sei du selbst -
das ist das Mindeste,
was du Gott schuldest.

Osho

„Love knows to accept the limitation of human beings. Love knows that nobody is perfekt. Love does not demand impossible.“
Osho

„Liebe weiß um die Grenzen menschlicher Wesen und akzeptiert sie. Liebe weiß, dass niemand vollkommen ist. Liebe verlangt nicht das Unmögliche.“

Osho
(Antwort auf die Frage: „Was bedeutet Verzeihen?“)

Weitere Bücher sind bisher im selben Verlag von mir erschienen:

Krank durch Erdstrahlen/Wasseradern, Elektrosmog und der falschen Bettstelle?

In diesem Buch erfahren Sie umfassend und leichtverständlich wie eine optimale Bettstelle aussehen sollte!

Was Erdstrahlen sind, und wie diese gemessen werden können, wie eine Abhilfe geschaffen werden kann!

Welche Belastungen durch falsche Bettmaterialien, durch ein gestörtes Erdmagnetfeld entstehen!

Wieso die Radioaktivität und der Radongehalt eines Hauses optimal sein muss!

Was ist Elektrosmog, wie kann es gemessen werden und welche Abhilfen gibt es?

Welchen Einfluss haben Mikrowellenherde, Brillengestelle, belastetes Wasser?

Wie sollte eine optimale Schlafplatzuntersuchung aussehen ?

Wie wirken Steine auf uns und was sind Heil-, Schutz- und Kraftsteine, was muß beim Tragen beachtet werden ?

Viele Praxisbeispiele und Erfahrungsberichte.

230 Seiten DM 38,-DM/19,43 Euro
ISBN 3-9802140-0-1

Tabish

Memoarien eines wilden Mannes

Anhand der Erzählung eines außergewöhnlichen Lebens zeigt der Autor hier, wie Mut und vor allem Willenskraft ihn dazu befähigten, sein Leben selbst in die Hand zu nehmen und positiv zu verändern. Ein Leben, das mit einer schwierigen Kindheit und Kriminalität begann und zu Ende schien, an dem Punkt, an dem es eigentlich hätte so richtig beginnen sollen.

Seine Botschaft an uns lautet :

Wenn du etwas wirklich willst, dann schaffst du es

auch, egal, wie gut oder schlecht deine Startbedingungen auch sein mögen. Spannend geschrieben, vermittelt dieses Buch dem Leser einen tiefen Einblick in das Leben eines außergewöhnlichen Mannes. Ehrlicher kann kein Lebensbericht geschrieben sein.

Leben will fließen in alle Richtungen -
es ist wie ein faszinierendes Spiel -
ein Spiel mit uns selbst.

582 Seiten DM 38,-/19,43 Euro
ISBN 3-9802140-1-X

Hier noch die Adresse:

Verlag Robert Ohlheiser
Hauptstraße 43
57614 Steimel-Weroth

Telefon: 02684-1275
Fax: .-8398
Handy 0171-4304977